人生升級的晨間習慣

後藤勇人 著
林佑純 譯

前言

你希望實現理想的人生嗎？

面對這個問題，應該幾乎沒有人會回答「不」吧。

我也是如此。一直以來，我都在追求實現理想的人生，但要實現這個願望不如想像中容易。直到我發現了一件事——那就是早晨的重要性。

這點相信許多人也略有耳聞。不過，當時的我，認為成功人士大多較為年長，並不相信早起能有多大的幫助。

但實際上，我接觸過的成功人士都一致強調早晨的重要性，這讓我重新開始思考，也許早上那段時間真的很重要。

於是，我嘗試改變自己的生活習慣，將作息調整為晨型。沒想到，我的人生竟從此出現了相當大的轉變。

我過去曾經歷許多挫折，如員工的背叛、營業額不佳、人際關係問題，甚至曾經被人散播一些虛假的傳聞。但自從改變習慣之後，我的生活產生了翻天覆地的變化。不僅實現了許多夢想，賺了錢，遇到出色的合作夥伴，結交到很棒的朋友，現在過著非常愉快且令人興奮的每一天。

這一切都歸功於「早上」這段時間。

晚做自我介紹了，我是品牌規劃師後藤勇人。過去曾在以「Greco」聞名的世界頂級吉他廠「富士弦」的創辦人——橫內祐一郎先生麾下擔任策劃總監，並為日本世界小姐代表打造個人品牌形象等，曾經協助許多企業、個人和團體實現成功的目標。

在本書中，我整理了從那些成功人士身上學到的早晨習慣，這些習慣簡單易懂，不但高效率，效果也顯而易見，而且每個人都可以輕鬆實踐。

這些方法大多只需要花費約一分鐘的時間。你可以從一些容易做到的事情開始，再逐漸增加項目。本書提供的不僅僅是現今流行的「晨活」（編按：指有效利用上班前的時間進行學習等活動），也是一種有效利用早晨時間，掌控人生的「早晨勝利法則」。

我曾經見證過許多人士的成功，並且親眼目睹他們成功的歷程，在這些經驗中，我察覺到一件重要的事實。那就是，我們的人生是由一天天累積而成的。今天過得如何，將改變我們的明天，進而影響整個人生。

在打開這本書，閱讀這些文字的這一刻，意味著你的人生從現在開始，將會有所改變。每一次的邂逅，都來自上天的引導及意旨。由衷感謝這樣的相遇，並將這本書呈獻給你。

二〇一六年十月

打造「世界第一」的品牌規劃師　**後藤　勇人**

CONTENTS

第2章

強化工作效率的八個處方 ── 039

第3章

增進團隊成果的九個處方 ── 067

第4章 提升創意力的九個處方

第6章 實現未來夢想的十個處方——159

第1章

保持絕佳狀態的七個處方

處方1

決定今天會過得很順利

起床這件事對許多人來說，都是早上很難克服的酷刑。要強迫自己從模糊的意識中清醒過來，然後艱難地從床上起身，對多數人來說都是一種折磨，尤其是在寒冷的季節。

有時候，如果沒有抓好起床的時機，可能會一整天都感到缺乏幹勁、昏昏欲睡。

不過，其實一清醒過來就立刻下床，並馬上開始活動，這種做法對身體並不好。除了會造成血壓急遽上升，為心臟和腦部帶來負擔，也容易引發中風或心肌梗塞等心血管疾病。

因此，在早上清醒之後，應該要好好暖身一下再起床。

但也不是要你懶在床上發呆，不做任何事。成功人士通常會將這段短暫的時間，透過簡單的程序，變成促進一天順遂的魔法時光。這個程序就是：

大致想像一下今天的成功情境，並且確定今天將會順利地度過。

當你躺在床上離開不了被窩時，是不是會在朦朧的意識中想東想西呢？其實只要把這類「想東想西」，轉化成「工作事項」或「私人計畫」就可以了。

像是正在進行的專案如期成功、與客戶的生意進展順利、跟上司開會時，意見得到採用、跟女友約會格外甜蜜……。

請試著想像看看你會覺得「要是真能這樣就好了」的那些情境。

因為剛睡醒，意識仍有些模糊，所以真的只要大致想像就可以了。

至於一般沒有什麼特定行程的日子，也可以稍微想像一下當天要做些什麼，想像自己將過得很愉快。

想像具備極大的力量。當一個人想像好事會發生，或是自己成功的情景，大腦就會將這些景象，當作實際的成功經驗記憶下來；而負面的想像，即使只是想像中的失敗，大腦也會將其記錄為真正發生過的失敗經驗。換句話說，多想像成功的情景，就會為大腦創造更多的成功經驗，同時也能減輕心理的不安要素。

一些持續取得優良成績的運動員，也會在專家的指導下，將意象訓練（image training，編按：指音樂家或運動員在腦海中演練曾經實際進行的訓練動作，藉此替必須實際執行的動作做好準備）納入日常的訓練行程。近來，似乎也有越來越多的企業家和商務人士選擇嘗試這個方法。

以運用潛在意識來達成目標而聞名的「墨菲成功法則」，也提倡「描繪在心中的願望一定會具體實現」（編按：墨菲成功法則由約瑟夫・墨菲提出，提倡潛意識的力量，與意為「如果某事可能會出錯，那就一定會出錯」的莫非定律為不同人提出）。

事實上，在我認識的企業家中，事業成功的人通常都擁有十分積極的思維，而事業不太成功的人，則經常充滿消極的想法。

即使面對會令人感到不安的狀況，或是對要進行的工作缺乏信心，也可以利用大腦的機制，想像一切都順利進行的樣子。由於目標是累積腦海中的成功體驗，所以不妨從一切事項都順遂進行、最正面且美好的想像開始。

同樣的一天，以正向情緒，或是負面的情緒來迎接，必定會大幅影響到一整天的身心狀態。

所以，還請記住一件事——一生之計在於晨。

處方 2

採取不同於以往的行動

人生不會總是一帆風順。有時，無論如何努力，事情就是不會按照你的期望發展。遇到這種時候，我們或許可以嘗試改變一下順序。

如果你想得到跟昨天不同的結果，就要試著採取和昨天不一樣的行動。當你感到思維陷入停滯，或者覺得靈感不再湧現時，就應該去嘗試一些你平常不會去做的事情。

由於我們的大腦較偏好固定的模式，所以當你做出一些不尋常的行為時，它會「咦？」地一驚，然後急忙尋找解決方案。

此外，當你採取不同的行動，所看到的景象也會隨之變化，這樣你的思考也會為了適應這些變化，引導你採取相對應的行動。

結果是行動的答案。

透過改變行動，能創造引導出不同結果的契機。

其實不需要有多大的改變。或許只是走出陽台，做幾次深呼吸，或者如果你平常習慣喝紅茶，換成喝咖啡也可以。

如果你想加強效果，做一些簡單的伸展運動也是個不錯的選擇。

以前有沒有過類似的經歷呢？原本勉為其難地去打高爾夫，結果卻意外地投入，將心中沉悶的情緒一掃而空；或者剛開始滿心無奈地打掃，後來卻發現自己掃得還挺起勁的？

以大腦的構造來說，當身體在活動時，很難同時持續進行負面的思考。活動你的身體，不僅可以停止困頓的消極思維，還能擺脫思考停滯的狀態。

以我個人為例，每當時間還算充裕時，我會外出揮揮高爾夫球桿。這樣稍微活動一下身體，不僅能揮別心頭的煩悶，也能使心情更正向積極。

話說回來，其實我已將近五年沒打高爾夫，但最近又重新開始這項運動了。雖然幾乎沒什麼練習時間，奇妙的是，成績總是能保持在八十到九十桿上下（偶爾還是會打到一百桿以上，但由於中間有好長一段空白期，我想這樣的成績已經非常不錯了）。

在這暫停的五年間，我有時會藉由揮桿練習來轉換心情，或許就是因為這個習慣，讓我的身體沒有忘記揮桿動作。

正是藉由不斷累積那短短的一分鐘，我才得以維持住基本水準。短暫的一分鐘，也是不容小覷的一分鐘。

即使只是微小的改變，也可能讓你感受到前所未有的樂趣。這些不經意的改變或行動，除了活化大腦，並可能將未來引導至更好的方向。

大腦對於行動的變化很敏感，請利用這項特性，引發正向的改變吧。

處方 3

感謝祖先與周遭的人

起床後

成功人士常將感恩視作一種習慣，不僅感謝祖先，也對旁人懷有深厚的感激之情。

別稱「世界第一的男人」、富士弦創辦人——橫內祐一郎，就是一位對父母懷抱著強烈感激之情的人。

橫內只用了短短二十六年的時間，就建立了一家包含ＯＥＭ代工（編按：意指單純代工，客製化彈性高的產品製造商）在內，蟬聯全球第一市占率（四〇％）的吉他公司。他曾表示能實現這個成就的最大原因，就是始終抱持著對他人的感激之心，以及感謝祖先的想法。

橫內一直遵循著母親的教誨：「要感謝他人，待他人如同自己所希望被對待的那樣。」這個原則，令他成就了世界第一。

自古以來，所有的感恩都始於對自家祖先和父母的感謝，這在中國的儒家重要經典《論語》中就有提及，也是明治維新的關鍵人物伊藤博文和高杉晉作等人的導師——吉田松陰在其著作中反覆強調的思想。當然，這類因果關係無法透過科學獲得證實，但在觀察了無數位成功人士之後，我也強烈感受到這份感謝所帶來的力量。

許多實踐感恩行為的成功人士，會在每天早晨安排一段時間來向祖先和周遭的人表示感謝之意。

一天如果從感恩的心情開始，就能過得更愉快，並且珍惜地度過那一天。

表示感謝的方法不拘，如果家中有佛壇，可以簡單上個香；假如沒有，也可以雙手合十，對祖先說一聲：「謝謝您們一直守護著我。」哪怕只是在心裡，也足以表達心中的謝意。

此外，也應該經常前去掃墓祭拜。如果通勤的途中有神社或寺廟，也可以在那裡表達你的感謝。

我每天早上都會在佛壇上香，感謝祖先和父母。除了出差等特殊情況，這個習慣三百六十五天未曾間斷過。我會表達對祖先的感謝，並對平安無事的今日、員工及周圍的人們獻上謝意，然後決定今天也將全力以赴。在養成這個習慣之後，我覺得自己身為一名經營者的視野，也變得更加開闊。

假如有重大企劃或活動需執行時，我也會祈求一切順利。

整個過程只需要約一分鐘，但光是這段短暫的時間，竟然能神奇地舒緩心靈，帶著嶄新的心情迎接一天，甚至提升個人表現。

獨自一人能做到的事情很有限。我們要時時感謝那些在工作中相互合作的夥伴，以及在私人領域產生各種交集的人。

但忙碌的生活，會讓人容易遺忘感謝之心。為了避免這種狀況發生，每天早上起床後，可以先打開窗戶，感受嶄新一天到來，並在心中對周圍的人說聲「謝謝你們」，把這個步驟設定成每天的例行公事。

對於即將到來的今天說聲「謝謝」，會同時感到心中暖和了起來。

從一大早就懷抱感謝的心意，會為一整天增添正向能量。

不需要感到不好意思，嘗試去實行看看吧。

處方 4

藉由冥想拜訪「未來的自己」

被窩裡

近年來，「自我覺察」的重要性重新獲得世人關注。所謂覺察，就是透過意識到「現在」、在「這裡」的「自我」，來整頓心靈的狀態。

這項心理活動的實踐者，不僅包括世界各地的知名企業家、政治家、運動選手、藝術家，也有越來越多企業納入員工訓練中。那些能夠持續做出成績的成功人士中，也有許多人在實踐自我覺察。

透過整理心靈、發掘自我本質及潛能，人們會更容易發揮最佳的表現。

為期達到這個目標，冥想是不可或缺的一項方法。提到冥想，許多人可能會聯想到需要坐禪、在瀑布下打坐修行、到特別的場所接受指導等。但事實上，早上剛清醒時，人們就會自然地進入一種最適合冥想的狀態。

你是否有過這樣的經驗呢？鬧鐘響了，但就是醒不過來。那是因為你處於半夢半醒之間的快速動眼睡眠狀態。在快速動眼睡眠中，身體雖然還在休息，但大腦卻是清醒且活躍的。這也可以視為一種冥想狀態。

人們冥想時往往更容易接觸到真正的自己，以及心中的真實想法。如果你對未來感到迷茫，不妨利用這個時刻，來描繪對自我未來的想像。

方法非常簡單。

當你感到自己進入冥想狀態時，

請想像一下「三年後的自己，要成為什麼樣的人」，

並在心中描繪出理想的形象。

不論是「想開一家屬於自己的店」或是「想要流利地說英語」，任何願望都可以。重點在於，不要輕易讓這些浮現在腦海中的想法溜走，要認真看待這些念頭。

在能夠清晰地描繪出理想的自我形象之後，就要開始試著想像完全沒有變化、沒有成長或進步的自己。想像一下虛度了三年時光，只虛長了歲數的自己。

當這兩種自我形象都足夠清晰之後，請分別向他們提問。

首先對理想的自己問道：「為了成為理想的自己，三年前的你做了什麼？」

可能是開始上某證照的考試講座、購買英語教材開始學習或找新工作等，理想中的自己會告訴你當時採取了哪些行動。

那些就是你為了成為理想的自己，現在需要採取的行動，也是你應該踏出的第一步。

拜訪過未來的自己，明確掌握該踏出的第一步之後，就要開始付諸行動了。把行動項目寫進你的手帳（行程表）中。這樣一來，那些行動就成了你的**待辦事項**，協助你將三年後理想的自己轉變為現實。

在繁忙的日常中，我們往往急於處理眼前的事情，而擱置為未來採取的行動。釐清自己的理想或願望，並定期進行確認，有助於消除當下的迷茫與不安，以維持充足的動力。同時，也可能讓你看到更遠大的未來。

為了能持續打造最好的自己，請定期前去拜訪未來的自己吧。

處方 5

想像成功的故事線

出門前

當目標擺在眼前，人們就會產生努力的動力。

當你在被窩裡冥想時，從三年後理想的自己那裡歸納出「成功的待辦事項」以後，接下來，請把這些事項包含在內，順勢寫出十種理想的自我形象。

寫的時候，要充分想像出理想的自我形象，思考為了實際成為那樣的自己，需要走哪些路。也就是說，要想清楚如何建構出那樣的成功故事，經過具體想像之後再寫下來。

比對現在的自己和理想的自己，想像在二者之間架設階梯，一步一步向上攀登的畫面。

這麼做就可以讓那個原本似乎不太可能成真，幾乎像是夢中的理想形象，成為一個發自內心相信可以實現的目標。

寫出十種理想形象之後，每天早上都要具體念出來。

人腦就像是一台高級的車載導航系統。反覆念出目標，就像是為高性能的腦部導航系統設定你的目的地，也就是理想的自己或目標。與車載導航不同的是，我們不會立即啟動並前進，但這麼做可以讓你在不知不覺之間，關注並吸收成為理想自我的必要資訊。這都是因為你平常就透過將目標念出聲，打造易於成長的環境。

比方說，我以前曾經將「出書」設定成目標。對當時的我來說，要出版一本書的門檻非常高，幾乎是個遙不可及的夢想。即便如此，我仍持續懷抱著「想要出書」的強烈願望，在數年之後，終於達到了這個目標。

我的十種理想自我形象

- 成為日本頂尖的品牌規劃師。
- 出版銷量超過十萬本的暢銷書，幫助他人。
- 成為日本頂尖的激勵演講人。
- 以文化人的身分活躍於各大媒體。
- 以「商業製作人」的身分，打造出更多在商業領域綻放光彩的女性。
- 活在當下，追求極致。
- 登上最棒的舞台。
- 精通英語會話。
- 向海外擴展商業領域。
- 持續挑戰新事物。

正因為反覆想像，得以讓理想的自我形象植入潛意識之中，令目標成為近在眼前的存在。

設定目標時，重點不在於「能不能夠做到」，而是將焦點放在自己「想做的事情」跟「想嘗試的事情」來設定目標。以這種方式設定目標，會比較容易找到真正憧憬的自我形象，並因此提升動力，從而實現目標。

處方 6

唱首自己的主題曲

晨浴時

在日常繁忙的工作中，有時難免情緒低落。但長期陷入沮喪之中，對自己與旁人來說都不是件好事，所以最好儘早擺脫這樣的狀態。

我個人最推薦的方法，就是唱一首能讓自己振奮起來的歌。

每個人都曾有過聽到喜愛的音樂，感到開心或舒暢的經驗吧？音樂確實擁有振奮人心的力量。

觀看體育賽事時，你或許會注意到，運動員登場時總是會伴隨著出場曲。曾隸屬於大聯盟洋基隊的前職業棒球選手松井秀喜，當他站上打擊區時，球賽現場會播放《哥吉拉》的主題曲，促使他在球場上留下輝煌成績；許多奪得奧運獎牌的選手，也是透過賽前聆聽喜歡的曲子來提升動力。

比起只是聆聽，親自唱出聲來的效果會更加顯著。

將能讓自己打起精神的曲子設定成個人主題曲，
每天早上哼唱，可以有效提升動力，
讓你保持整天的活力。

特別推薦在早晨淋浴時唱歌。即使聲音稍大，也會被水聲掩蓋過去，所以可以放心地大聲唱，不必在意別人的眼光，盡情放聲高歌。

音樂具備不可思議的力量，其效果已經獲得醫學上的證實，像音樂療法這類治療法也十分常見。有時候，即使我前一天過得不太好，或是有些事進行得不順利，這時透過放聲唱歌，不僅能實際感受到壓力的釋放，還能促進血液循環，讓身體暖和起來，並有效提振精神。

順帶一提，我有好幾首主題曲，在有重要談判的日子、需要重振精神的日子，或是面對大量聽眾演講的日子，都會根據當時的心情和日程安排，選擇不同的歌來唱。這樣做能幫助我調整成最適合當天的心理狀態。

無論遭遇到什麼困難，早晨總會如期而至。

再怎麼渴望，也無法回到過去重新來過，而對於未知的將來感到不安也無濟於事。與其如此，不如著眼在如何讓自己在接下來的一天當中打起精神來。

今天是充滿活力還是憂鬱，全都取決於你。

人唯一能控制的，就是自己。

這種積極的態度，無疑會吸引正面的事情發生，也能藉此一掃那些消極的情緒。

處方 7

做一分鐘伸展運動，與身體對話

起床後

身體、心靈和頭腦的狀態通常是一體的。當身體狀況不佳，我們就無法作出正確判斷；心裡覺得煩惱，身體狀況也不會太好，容易疲倦，這些都是極為自然的反應。

因此，成功人士通常對自己身體的狀態也十分敏感。如果有哪裡感到不適，他們會立刻設法找出原因。

因為他們深知，只有當身心和頭腦的狀態協調時，自己才能夠發揮最理想的表現。

我們也可以透過一些簡單的伸展運動，來判斷身體狀況。

我在教練的建議下，設計了一些簡單的伸展運動和肌肉訓練，維持每天早上的活動習慣。

首先，我會進行伸展運動，使身體充分放鬆。接著抬高雙腿鍛鍊腹肌，並展開手臂，以伏地挺身來鍛鍊胸肌，每個動作只進行一分鐘（但最近延長時間了）。因為只需要一分鐘，對早上也不會造成什麼負擔。

進行伸展運動時，我們能充分掌握身體是否有疼痛或不適之處，依據症狀盡早處理，以免情況進一步惡化。

此外，這也有助於預防腰痛及避免受傷。同時也能因此察覺到，身體是否覺得沉重，或是難以使力？

請藉由這段時間，與自己的身體進行深入的交流。在完成肌肉訓練之後，也別忘了對自己的身體表達感謝。

如果每天都能感謝努力支持我們的身體，身體也會覺得高興，並在日常中更加活躍。要是身體動不起來，再強烈的意念也無法實現。

想發揮最完美的表現，關鍵就在於強健的身體（體魄）。

為了保持健康，請別忘了對你的身體表示感謝和體恤。

第2章

強化工作效率的八個處方

處方1

一天設定三個目標

無論你有多少想做或必須做的事情，遺憾的是，由於時間有限，一天之內能完成的事情自然也很有限。

在這段有限的時間內，有一個絕佳的方法，可以幫助你確實完成應做事項，那就是：

為當天設定三個目標。

重要的是，這些目標不能是遠大的目標，而要設定在絕對可以達成的程度。

例如說，整理好堆積如山的文件、準備好幾天後在拜訪時要交給客戶的資料、寫好簡報講稿等，並且要確定，這些事情都是努力一下就能夠完成的。

你可能會覺得，只設定三個目標有點太少，但如果設定太多，結果無法達成，或即使勉強完成，也會因為注意力分散，而影響到每個目標的品質，這樣就沒有意義了。這個習慣的目的，就是要提升目標達成率，所以才要精心篩選出三個目標。

一旦確定目標，就將它們寫在紙上或筆記本上，並在心中宣示：「我今天一定要達成這三個目標。」

人類的大腦非常奇妙，即使只是在內心宣示，也會激發出一股勇氣和力量。同時也能隱約看見，為達成目標所應採取的行動，進而歸納出實際行動的順序，必要的資訊也會自然而然地映入眼簾。

例如，有一次，我正忙著製作某家店鋪的人員培訓手冊。原本因為想買雜誌而走進書店的我，卻發現自己的視線不斷被與人才培訓有關的書籍所吸引，不自覺地停下腳步一一翻閱，結果花了好一段時間才走到原本的目標區域。

我想大概是因為那天早上，自己曾在心裡宣示要達成跟培訓手冊相關的目標，因此大腦下意識地找起相關資訊。最後，我果然發現幾本非常不錯的書，並且買了下來，使用這些書中提供的範本，順利完成了製作手冊的目標。

在設定目標並做出宣言之後，所需要的資訊就會不斷進入你的視野和聽覺範圍。之後只需要根據這些資訊採取適當的行動就可以了。換句話說，在宣示目標的那一刻，就等於已經完成了一半的目標。接下來只需要逐步使其成形並實際完成。

為了預留妥善計畫的時間，重點在於要盡早確定這三個目標。時間安排的訣竅在於提前規劃所有事項。你永遠不會知道什麼時候會出現突發事件，導致沒有充足的時間完成目標，所以請盡量提前掌握時間空檔，妥善進行安排，度過有意義的一天。

處方 2

規劃時程，該做什麼一目瞭然

上工前

大部分的人，即使有許多想做或必須做的事，但因為時間有限，一天能完成的事情也有限，只能把事前確立的預訂事項完成。不過成功人士的做法是，在有限的時間內，有效利用沒有任何安排的時間空檔來產出成果。他們會在一早就掌握自己當天能自由安排的時間，並制定行動計畫。也就是說，他們是利用瑣碎時間的專家。

為了掌握這些能自由安排計畫的時間，建議可以提前制定「時間規劃表」。

制定時間規劃表，可以有效地使你今天的行動可視化。

首先，要清楚列出當天需要做的事情。

接著從中選出已經確定的項目，例如與客戶會面、過程所需的移動時間、準備時間等，都要一一填入規劃表。

接下來，把無可避免的雜務、電話聯絡、早上自己設定的三個目標都寫出來。

全部列出來之後，從其中選出必須完成的重要事項，妥善分配時間，依序填入規劃表。

然後將其他要做的事，依照緊急程度及重要性排定優先順位，並以優先程度來分配時間。

假如有必須馬上處理，以避免發展成嚴重問題的事項，就要儘早優先處理；有必要認真溝通的重要電話，則要盡量安排在可以專心聽對方說話

優先順序的排列方法

1 考量緊急度。
2 考量重要性。
3 考量帶來的利益和成果。
4 考量涉及對象的層級（是否耗工費時，能否快速完成）。
5 考量未來潛力。

的時段。如果有專案需要好好進行準備，也要將準備時間納入規劃表中。

假如沒有緊急度較高、馬上需要處理的事項，就可以把時間分配給那些雖然不太緊急，但特別重要的問題，或是雖然不太重要，但遲早需要處理的項目。

列出需要做的事情，並排列出優先順序，對於高效率推動一天的工作行程，以及提升生產力來說都非常有幫助。

此外，在確認時間表的同時，也有助於整理思緒，明確掌握自己今天該做些什麼事、需要思考些什麼。

這個步驟，也可以排除多餘的計畫和任務。可說是具體規劃出一整天行程所不可或缺的步驟。

處方 3

上工前

將「待辦清單」貼在白板上

成功人士開始工作之前，會明確列出當天需要完成的事項。

僅僅在腦海中思考「今天要做這個、那個……」未免太過模糊，因此他們會這樣做：

把包括小事在內，今天所有需要做的事情都寫出來，貼在經常能看到的地方。

將三個目標（必須完成的事項）、今天的「待辦事項」一一寫出，做成清單（「待辦事項清單」），並將其張貼在辦公桌旁的白板或其他容易看見的地方。

「待辦事項清單」可說是未加工的鑽石。實踐上面所寫的項目，能夠促成各種商業活動，帶來嶄新的產品創意，獲得許多意想不到的好處。

過去我就曾有類似的經歷。

我那天設定的三個目標之一，就是要有效利用在電車上的移動時間。剛搭上電車不久，我就突然想到了一個書籍企劃，並在接下來一小時的移動時間中完成了企劃書。更棒的是，這個企劃後來真的出版了，並且有許多人閱讀。

在筆記中，我會寫下當天的三個目標、「早晨提醒」中與工作相關的項目、處於構思階段的計畫，以及零零碎碎的今日待辦事項。

畢竟再好的想法，假如忘記了，就等於完全沒有意義。為了避免這種情況發生，我們需要一個隨時可以看到待辦事項的機制。

處方4

決定「不去做的事」

商場上必須備好應對策略。有了策略，才能產出成果，這點對應到個人生涯中也一樣。

為了實現理想的人生，每天早上，我們都應該為當天制定好策略。今天要怎麼度過？在想像理想的自己的同時，規劃行動方針。

策略不僅是決定該做什麼，決定不做什麼也同等重要。決定要做的事，實際上也意味著決定不去做或是做不到的事。

經營策略的權威麥可．波特（Michael Porter）曾表示：「策略就是決定不去做哪些事。」像知名的電腦製造商戴爾（Dell），也正因選擇了不同於其他家公司的策略，不外包組裝工程，才取得了發展初期的成功。

有些人會想：「因為其他人做了，所以我也得做。」但「其他人正在做的事情」不一定就是你應該做的事情。

無論是隸屬於組織還是獨立工作，能做出成果的人都不會盲目跟隨他人。他們會一絲不苟地完成自己應做的事情，並以此取得良好成果。

他們十分重視工作的差異化管理。

要實現與他人的差異化，你需要確立「自己不做哪些事」的策略。

在制定策略時，我們往往只聚焦在需要投入心力之處，但決定「不做什麼」其實更為重要。

我把決定不做什麼的時間，稱為「晨間一人策略會議」。

在「待辦事項清單」（請參考前一節）寫下應該做的事情之後，就要決定今天不去做、不介入的事情。決定「要放棄的項目」，也就是決定「不做什麼」。不過，這個過程可能比許多人想像的困難。

挑選出自己不該做的事、可以交給他人的事，並在待辦清單上打╳。

然後在剩下的項目中，標出應該執行的順序。

一個人的力量很有限，時間也很有限。因此，決定不去做的事，在有效利用時間上可說是最重要的一環。

「不看電視」、「不去聚餐」，這些也都是優秀的策略。

一旦弄清楚「不做什麼事」，

就會自然而然地浮現出「該做什麼事」。

一人策略會議，是一個徹底面對自己、客觀審視自己的時間。

藉由每天持續這樣的習慣，相信也能逐漸尋找出屬於自己的絕佳人生策略。

處方 5

用零碎時間，高效處理郵件

被窩裡

我遇過這樣的人，他們表示：「每天光是回覆郵件，一個上午就過去了。」郵件本應是為了順利推動業務的工具，如果讓工作因為回覆郵件而停滯不前，那可就本末倒置了。

實際上，要一次回覆完所有郵件，確實相當耗時費力。在日積月累之下，處理起來更是麻煩。

因此，成功人士會盡量分散處理郵件的時間。他們不只用公司電腦來回信，也會透過個人的手機等設備來收發郵件。

當然，回信速度也很快。

分散處理郵件，把原本特別撥給回信的時間，用在其他事情上，進而提升一整天的效率。

我在工作上，每天也會收到不少郵件和訊息。所以，我每天早上剛起床時，都會躺在床上快速檢查郵件。主要目的不是回覆，而是了解收到了哪些信件。看看是誰寄來的、內容是什麼、緊急程度、是否會影響當天的行程等，大致幫郵件分類。

這個步驟可以讓我快速應對緊急狀況。因為有時郵件的內容，會大幅改變當天的計畫。我甚至有過因為郵件內容而瞬間從床上跳起來，直接衝去上班的經驗。

早上檢查郵件，也是一種危機管理。

此外，像確認日期這類較為簡單的郵件，我會盡量趁上班前的空檔，或搭乘交通工具時回覆。因此到公司時，除了一些必須在公司回覆的重要郵件，其他大部分都已經處理完畢，這樣就可以不被回信占用掉太多時間，馬上開始處理重要業務。

一早就檢查郵件，還能帶來其他好處。

快速回覆信件，會讓別人覺得「這個人非常認真」，從而認為你是個值得信賴、工作效率高的人。在商務上，個人信用非常重要，而這份信用，只需要早上早點回信就能夠爭取到。

另一方面，這也大大提升了獲得機會的可能。當有合作機會時，人們通常會選擇回覆速度較快的那方。倘若和競爭對手的條件差不多，較快回覆的一方更有可能獲得工作機會。

過去，曾有位女性朋友邀請我參加一個資訊交流的聚餐，說好雙方各帶三名朋友。

我立即發郵件邀請了三位朋友，其中兩位當天就回覆了，但有一位沒有任何回應。即使我再度發信催促，也不見任何反應。最後，我只好去邀請其他朋友，三個人一起參加。結果那位朋友，在聚餐當天早上才回覆願意同行，但人選已經決定，我只好婉拒了對方。

那次聚餐非常愉快，我們也得到了許多工作上的靈感。只因為晚回覆信件，那位朋友這樣錯失了一次機會。

迅速回覆，在商務或私人領域中都能大幅提升獲得機會的機率。在這個世界上，速度是一種格外強大的武器。

檢查及分類郵件，就是掌握這項武器的絕佳方法之一。

處方 6

每天早上整理辦公桌

上工前

高效率的成功人士，辦公桌總是顯得整齊有序。相反地，工作進度緩慢或品質較差的人，辦公桌經常看起來雜亂無章，很難稱得上整潔乾淨。一個髒亂的辦公桌，不僅會降低自己的工作品質，還會令旁人感到不愉快。

為了使工作更順利，每天早上一定要整理辦公桌。只要保持整潔，通常只需要一分鐘。重點是，這個行動將會帶來良好的實質成效。

近幾年來，坊間可以看到許多有關清潔打掃和收納整理能力的書籍，世界各國無不對日本的「收納」和「整理」技巧表示讚賞，顯現出人們重新認知整理所帶來的實際效果。在商務上，這樣的效果也逐漸獲得認同。

辦公桌上若是無法保持井然有序的狀態，即使工作順利進行，也可能因為找不著東西，或是對雜亂無章的桌面感到煩躁，而浪費了不必要的時間和情緒。

整理辦公桌這個行為，
就是為工作打造出一個適當的環境。

我曾策劃、經營過幾家美髮沙龍和餐廳，發現店面的整潔程度和營業額之間有極大的關聯性。因此，我至今仍時常教導沙龍的員工們打掃的重要性。

乾淨的地方會吸引好事發生，散發正面的能量波動；相反地，骯髒的地方則會吸引壞事發生，散發出負面的能量。

所以，請務必保持辦公桌的整齊與清潔。

處方 7

穿上抓住機會的服裝

出門前

在商務活動中，服裝是極其重要的工具。

我曾經受邀參加朋友的私人派對。因為是私人聚會，以至於我隨意穿了休閒牛仔褲和襯衫就去參加。不料，朋友竟然邀請了一位令人驚訝的嘉賓，而且還是跟我工作上有關的業界人士。

朋友立刻熱心地為我牽線介紹，只見對方穿著筆挺西裝，而我卻是隨意到有些過頭的襯衫加牛仔褲。

交換名片時，儘管後悔不已，卻也為時已晚。

雖然對方沒有明說，但我能感受到他對我一身休閒打扮有些動搖。結果，我們之間只進行了一些客套性對話。

如果我當時穿著整身西裝，給人的第一印象可能會更好，或許還有機會進行一些工作資訊交流，甚至互相介紹人脈。

經過那次經驗之後，我為了隨時掌握不可預期的機會，除非有特殊情況，不然我大多會穿著整身西裝或西裝外套出門。

人們確實會根據外表和穿著來判斷與評價，尤其是在面對不太熟悉的對象時。

從一個人的穿著上，能夠讀取到許多訊息，例如是否懂得察言觀色、有沒有常識、是不是個老實人，或是品味高低等。

你可能會覺得，服裝打扮只要符合自己的喜好就好，這確實有一定的道理，畢竟穿著打扮也是一種自我展現的工具。

但是，外表也是一種對他人的禮貌，而對方如何看待你，則是對方的自由，這也是不爭的事實。

之前有個很有名的故事。

某家IT企業的總裁，曾試圖收購一支職業棒球隊。他以牛仔褲和T恤出席談判，引起了在場人士的反彈。他當時的理由是：「這就是我的風格。」但最終談判失敗了，他沒能買下那支隊伍。

之後，另一家IT公司的總裁也有意收購這支球隊。他身穿整齊的西裝出席會談，禮數周到，最終成功談妥了收購案。

這點足以證明，服裝不僅是對他人的禮貌表現，也會直接影響到商務成果的重要策略之一。

即便擁有再出色的能力或業務項目，也有可能因此錯失坐上談判桌的機會。對方越接近頂尖水準，就會越注意你的服裝，因為一個人的穿著會透露出許多訊息。

服裝是決定你自身評價的重要因素。
有時它甚至可以大幅改變你的工作成果及人生。

要充分考量當天前去的場所、會面對象和工作的性質來搭配服裝。

假如一天有兩個以上的會面行程，就以最重要的那個為準。

在商務活動中，服裝將代表你。為了準確抓住機會，請謹慎選擇穿搭的服裝。

處方 8

管理體態，塑造個人形象

晨浴時

近年來，男性保持良好甚至美觀的外型，已成為一種常態。能有效管理工作的人，同樣也能妥善管理自己的身體。因此，越來越多人選擇私人健身課程，或是開始進行飲食控制。

我也總是習慣每天站在鏡子前，確認自己的狀態，做好自我管理。這真是個明智的選擇。只要每天確認自己的體態，不需要進行誇張的節食，也能持續控制在最理想的體型和體重，而且因為已經自行確認過，外出面對他人時也會比較有自信。

從高中時期開始，我的體重幾乎沒有什麼變化。即使沒去健身房，我也能維持體重不變，這其中有兩個祕密。一個是之前曾介紹過，每天一分鐘的肌肉訓練，另一個則是我每天早上堅持的另一項習慣。

那就是，在淋浴之前，我一定會站上體重計測量體重。

假如重了一公斤，我就會減少當天的飲食量，設法把多出的一公斤減掉，回復原本的體重。

持續這種做法，就不會突然陷入「發現自己胖了五公斤！要減下來也太辛苦了……」的窘境。

這個方法是從曾連續四年獲得全日本寬板滑水冠軍，其後經營運動伸展教室的弘田登志雄先生那裡學來的，效果確實驚人。

在這之前，我的體重也曾一口氣增加超過五公斤，不得不慌慌張張地節食減肥，但自從採用這個方法之後，只需要調整每天攝取和消耗的熱量，就能輕輕鬆鬆地保持理想體重。

如果對自己的身體沒有自信，人們就容易感到消極。

一旦抱持著消極心態，在面對一些小機會時也會猶豫不決，甚至導致錯失重要的機會。

個人理想體重，應該是看著自己鏡子裡的裸體時，能夠坦率地覺得自己身材還不錯的那個數字。

我之前讀過一本有關減肥的書，書中寫到：「平均體重只是一個參考，並不代表那個數值就是正確的。」因為每個人的骨架都不一樣，骨骼重量也會有很大的差異。

確實，各位應該也很清楚，即使身高相同，渾身肌肉的人，體重自然會較重，而肌肉量較少的人，體重則會偏輕。

擁有足夠的自信心，並滿意自身現狀，才能演繹出最佳的自己。要對自己的身體有自信，保持良好的外觀是一大關鍵。

只不過，忙碌的上班族，平常可能很難抽出時間來維持體態。事實上，我也曾加入過會員制的健身房，但幾乎也沒什麼去過。

檢查體型的三項重點

1 從正面觀察整體的平衡。
2 從側面檢查腹部是否突出。
3 確認胸肌區域的外觀。

提升自信心，能讓你在他人面前表現得更加從容。

請透過每天的觀察和細微調整，打造出最理想的外觀與心情，以及最優秀的自己。

第3章

增進團隊成果的九個處方

處方 1

絕不對別人發脾氣

起床後

每個人都有自己的立場和想法。

比如你跟旁邊同事的意見不可能總是一樣。即使是生活在一起的家人，對事物的觀點也不盡相同。

人與人之間意見相左是常態，意見完全一樣反倒少見。

因此能持續做出成績的人，通常不會對他人抱持過度期待。

面對與自己想法不同的人時，不多做批判或生氣，而是理解雙方成長於截然不同的環境。

相反地，當你與他人意見不同時，也不需要急於否定或感到羞恥，而是應該認為別人是別人，自己是自己，每個人都能擁有不同的想法。一旦接受「意見相左」的事實，與別人相處起來就會輕鬆許多。

無論在何種情境之下，我們總會遇到跟自己意見不合的人。而漫長的人生道路上，有時也得跟不合拍的人一起工作，所以與其敵視與自己意見相左的對象，倒不如設法理解對方因為立場和環境差異而產生的不同思維，以包容的心態去面對和接受。

我也曾遇過必須跟想法有極大差距的男性共事的狀況。當時我光是見到對方就感到心情煩躁，聽他說幾句話就覺得刺耳，連只是站在他附近，也感到一股怒意油然而生，甚至波及到工作表現。

「不能再這樣下去了！」

我決定徹底改變自己的想法，並且試著這樣說服自己：因為對方過去幾十年來，一直是用跟我截然不同的方式過生活，我們原本就是天差地遠的不同個體，自然難以相容。

這種想法看似極端，但也讓我不再感到那麼煩躁，而且竟也慢慢開始發現了他的優點，例如「真虧他能想到這麼有趣的事呢」、「原來我們在這方面也有相似之處」等。

當然，要坦然接受對方並不容易，最初也可能會感到不少壓力。但一味將煩躁的情緒歸咎在對方身上，只會令雙方關係更加緊繃。即使多少有些嫌隙，仍要設法一起努力、朝共同的目標前進，這無疑是相對理想的選擇。

人們往往會因為對方沒有按照自己的期待行事而感到煩躁，換句話說，我們經常自作主張地期待對方按照我們的想法去行動，一旦對方的行為不符合期待，就會感到焦躁。

當對方是客戶或商務夥伴，或許還能成功控制自己的情緒，但在成為團隊的領導者或管理職之後，就要擔任指導和管理部屬的工作。每位部屬的經驗、能力、年齡、成長環境各不相同，但卻時常看見一些位居上職的領導者，情緒失控破口大罵，但這其實對雙方都不是件好事。
請適時透過「自我覺察」來調整自己的心態吧。

不抱有過度的期待，就不會對他人感到失望，
也不會因此產生煩躁的心情。

為了讓彼此都能有更好的表現，有時刻意不對對方懷抱過度的期待，
也是為求收穫成果的必要策略之一。

上工前

處方2

玩分享遊戲，強化團隊互動

我們公司早會時會玩一種名叫「Good & New」的遊戲。

這是美國加速教育權威彼得．克雷恩（Peter Kline）博士所推薦的方法，他曾在美國一些環境比較複雜的學校中實施這個做法，結果不僅校園暴力的情形獲得了改善，甚至讓原本有暴力傾向的學生改頭換面，開始參加城市早上的美化清潔運動，呈現出相當大的轉變。

據說這個方法對於提升團隊的互助精神也具有奇效，所以我們從幾年前開始實施這項活動。

遊戲的玩法很簡單。

所有員工（如果人數較多，可以分成幾組）圍成一圈，依序傳遞一個柔軟蓬鬆的庫什球（橡膠絨毛球）。當球傳過來時，接球的人要不斷重複把球從右手遞到左手，再從左手遞到右手的動作，同時講述在過去二十四小時內發生的「好事（Good）」或「新鮮事（New）」，然後再把球傳給下一個人。重複這個過程，直到每個人都發言過為止。

透過活動身體，大腦會變得更加積極，減少負面思考。再加上為了回想和形容在二十四小時之內發生的「好事」或「新鮮事」，即使在那段時間內發生過什麼不好的事情，那段時間的記憶也會被替換成「好事」框架，讓大家懷抱著積極正向心態，迎接嶄新的一天。

實施這項活動之後，據說有員工前一天跟朋友大吵一架，百般不悅地前來公司上班，但早會遊戲一結束，心情就像重新整頓過一樣，甚至在後來的商務談判中，成功取得了一個重大合約。

還有一位女性員工，在重要會議當天，出門前突然遭遇措手不及的意外狀況，使得她情緒格外低落，但也透過這個活動，心情好轉了許多，還因當天下午會議上做的簡報，而被選為專案領導人。

這個遊戲的好處，不僅僅能分享自己發生的好事，也能聽到同事間的好消息。愉快的對話內容，會在大腦中釋放出「腦內啡」，這是一種會帶來幸福感的荷爾蒙，令人感到格外舒適愉悅。也就是說，透過良好的相互影響，改善團隊的整體狀態，以促成理想成效。

此外，由於團隊內部必定需要進行溝通，這也可以加強成員間的聯繫感。想以一個團隊（部門或科室）做出實質成果，成員間就必須擁有良好的信任關係。

溝通的重點不在於花費多長的時間，而在於接觸的次數。

有一個知名的心理學理論，叫做「曝光效應」，是由美國心理學家羅伯特・扎榮茨（Robert B. Zajonc）於一九六五年所提出。理論中指出，人

「Good & New」遊戲的進行方式

1 第一個人拿起庫什球，將球在雙手間傳遞，一邊分享自己的「Good & New」（從誰開始都可以）。

2 分享結束之後，所有人都必須鼓掌。

3 接到球的下一個人，也要在雙手之間交互傳遞，並分享自己的「Good & New」。

4 重複1～3的步驟，直到每個人都分享過一次。

※ Good & New……意指在過去二十四小時間發生的好事或新鮮事

們與其長時間與他人進行一次溝通，不如多次進行短時間的接觸，後者更容易對對方產生好感，這點已透過實驗結果獲得證實。這項能夠提升個人能力及團隊力量的活動，也同時是一種有效的培訓課程。

處方 3

重要會面安排在早上

上工前

信任關係建立在溝通的「質」與「量」上。

透過十封郵件來溝通，還不如一次面對面的談話，因為當面溝通更能明顯提升「質」。讓我們可以從對方的服裝、肢體動作等非語言訊息中獲得更多訊息，而且光是能夠面對面交談，就能讓人感到放心不少，握手則能強化雙方的信任感。這或許也是政治家在選舉時，會積極與許多選民握手的原因之一。

然而，單憑一次會面，也很難建立起穩固的互信關係。要藉由多次會面和交談來增加「量」，才能逐漸深化那份信任關係。

但當對方忙碌時，往往很難預約到見面的時間。

當因為距離或時間等限制，很難見到多次面時，不妨試著安排一次早晨的會面時間。

早晨是一天的起點。到了傍晚或晚上，許多人都累積了一整天的疲勞，還可能因工作狀況或意外等因素，不得不取消會面的行程。但若是選擇早晨，除非發生特殊情況，否則雙方大多能以最佳狀態赴約。

此外，人們通常會認為既然特地安排早上見面了，就不能浪費這個難得的機會，要好好把握利用這段時間。

而且，早晨同時也是特別容易產生創意發想的時間。

把見面時間安排在早上，可以用溝通的「質」來彌補「量」的不足。

我認識的一位編輯，他利用通訊軟體跟住在外地的作者交流，合作出版了許多書籍。

他們利用作者早上搭乘交通工具的移動時間進行溝通。由於通訊軟體可以即時交流，能實際達到接近開會的效果。

我們也將會議、員工指導按排在早上，之後發現員工的成長速度竟因此加快了兩倍，業績也隨之提升。

如果平常很難有機會跟對方好好交談，或是有特別重要的話要說，不妨選在早上，或者在比較早的時間段安排會面行程，來進行高品質的溝通。

處方 4

把次要工作交辦出去

有時候，難免遇到自己力有未逮的工作。我們常會覺得只要自己夠努力，就能解決問題，但這種想法其實是錯誤的。能夠持續拿出成果的人，會善用他人的能力，合理分配工作範疇。

甚至可以說缺乏這種能力，就無法取得重大成果。因為一個人所能完成的工作始終是有限的。

評估自己的能力、狀況和環境，
制定出最佳策略（工作分配）以達成目標。

如何判斷哪些工作可以交給他人

當符合以下的狀況時，請盡量將自己手上的工作分配出去。

- 交給部屬做，即使可能需要多花些時間，但確定能夠在截止日期前完成任務。
- 決定工作優先順序時，排在比較後面的任務。
- 交辦給部屬，也可以維持一定品質的工作。
- 只需要大約兩成的支援，部屬就能順利完成的工作。
- 擁有充滿合作精神，以及人緣好到其他同事樂意幫助。
- 有特別想栽培的部屬。
- 一些文件初稿製作等，借助部屬的力量，明顯會更有效率的工作。

你可能會覺得，既然是自己的工作，就不應該隨便交由別人處理，更何況是自己的部屬。也許你會認為自己應付得過來。但工作上，最重要的是做出實質成果。為此，需要思考當下應該做什麼，並且付諸實行，這種心態才是導向理想成果的關鍵。

將工作交給別人，絕非一件易事。

這需要足夠的冷靜與決心，以及明確的步驟。

首先，要根據前述的項目，決定工作的重要程度，並用數字標示出優先順序，也可以逐項重新排序。

接下來，要決定將哪些工作分配給誰。

判斷哪項工作應該親力親為，哪些工作可以交辦給部屬，考量到實際的內容及難度，合理進行分配。

這裡的重點在於，要勇於放手，將不一定要親自處理的工作分派給部屬或他人。若是缺乏這種果斷魄力，你將可能無法完成那些真正需要你來處理的重要工作。

但也不能把事情交辦出去就不管了。為求獲得最佳的結果，也要適度為對方的工作狀況提供協助。

然而，只在自己需要別人幫忙時臨時進行溝通，實在很難讓人甘願接下工作。因此平時也要盡量採取願意提供協助的態度。這樣在你需要幫助時，才會有人願意伸出援手。

還請務必謹記這一點。

上工前

處方5

向部屬提出工作預告

近年來，有越來越多公司舉辦早會。

早會是確認部門或團隊當天工作方針與內容的重要場合。

能持續取得成果的成功人士，早會時會簡單對部屬提出「工作預告」，告知他們當天或當週的工作計畫。

例如「今天有這些工作，之後要請你幫忙一下」，或者「下個月預計會有這類工作，打算讓你來負責，還請做好心理準備」等。

提前告知工作內容，部屬也能事先準備，之後接到指示時便能立刻展開行動。

簡單來說，這種預告就是為了順利推進工作的事前準備。

倘若沒有先向部屬提出工作預告，對方可能無法及時做好準備，臨時被交代工作難免會感到困惑，甚至導致進度延誤。

環境和心理上都準備妥當，人們才能夠發揮出最佳表現。

為了讓你跟部屬都能拿出最好的表現，建議提前進行工作預告。若是將「早會的工作預告」視為一個重要環節，就可以在短時間內簡單說明完畢。

但要留意的是，光是向在場的人表示「下次會有這樣的工作，到時候會分配給大家」還不算是完整的工作預告。

要對負責工作的對象詳細說明，預告才算得上真正成立。

在眾人面前宣布固然重要，但也一定要進行個別說明。

另外，對於公司層級的項目，應該趁公開宣布之前，先告知實際參與的人員。這是預告工作的前置工作。

這樣做可以讓他們在正式公布時，抱持著「這是有關自己的事」的心態聆聽，也比較能實際產生參與感。

較複雜或大型的項目，應該在實際開始的兩到三個月前就告知負責人，讓他們有準備的時間，包括交接手頭上的工作。這不僅是為了讓負責人有心理準備，也給他們一些思考新工作內容的時間和空間。這項安排對於項目成果及團隊成員間的合作狀態，會產生非常重大的影響，所以要盡早提出。

預告還能夠發揮一個很大的效果。

透過預告，部屬會認為你是一位值得信賴的人。

你過去是否曾有過突然被安排工作，而產生「他們也該考慮一下我的工作狀況吧……」這類想法的經驗呢？部屬也會有同樣的感受。

提前進行工作預告，會讓他們感覺到「他有考慮到我的情況」、「看來他們很重視我」，自然不會產生壞印象。

這些細微的心思，
對部屬日後的表現會產生相當大的影響。

即使只是短短一分鐘的工作預告，也具有十分重大的意義。

處方 6

以腦內預演會議，置入成功體驗

通勤時

能持續取得成果的人，都懂得善用通勤時間。

搭乘電車時，特別適合整頓思緒。

我曾見過一位被公認為成功人士的頂尖業務員，當他幸運地在電車中找到座位坐下之後，會在腦海中預演當天的工作行程，為精確且高效率的一天做好準備。

他會仔細想像一日流程。例如之後要開會，就預演會議的進行過程；

假如有會談或簡報，就依序預演相關程序，從頭到尾都仔細想過一遍。過程中，若是對某些部分感到模糊或產生疑問，如果有隨身帶著資料，就立刻查看確認；假如沒有資料，則記下需要進公司確認的地方。

這樣做可以避免認知與理解上的疏漏，做好會議或談判的準備，以減少錯誤並提升效率。

預演不僅能夠事先掌握可能發生的風險，也由於能夠俯瞰全局，便可以具體思考該如何活用當天的行程，以及如何提升細節表現。

假如是會議，不妨想像主持人開場到逐漸進入正題的過程中，自己發言的場景。如果可以想像得到自己辯才無礙的模樣，那麼在實際會議中就可以選擇以同樣的方式來進行。但假如感覺不太對，就要想像幾種不同的模式，從中選出最能發揮效果的表現方式。一旦確定方向，就想像自己以這樣的表現取得最佳結果。

透過反覆想像，可以進行多次演練，減少不必要的擔憂和恐懼，並大幅降低在實際進行時忘記重要事項或出錯的可能性。

即使在想像中，潛意識也會把它視作真正的自己，並記錄下成功的體驗，未來就會以此為基礎展開行動。

此外，反覆執行想像，不僅能強化發言技巧，也能刪減不必要的環節，改善會議等活動的進行和流程，藉此提升效率及效果。

會議若是能加速進行，對所有與會人員來說都是件好事。

一場熱絡的會議，能有效促進成員間的溝通，共享對目標的認知。事實上，一家正處於成長期的公司，參與者常會懷抱著熱情，在會議中發揮出色的表現。因此，在進行會議預演時，還請留意所有的細節。

處方 7

只花一分鐘做決定

起床後

人生就是一連串的決策過程。

現在正在閱讀這段文字的你，也是因為做了「購買這本書」或「閱讀這本書」的決定（當然，我不建議你做出「不買」的決定（笑））。

包含無意識做出的決定在內，
人們每天會做出超過一百次決策。

從起床、離開床鋪、刷牙……這些都是在做出決策之後所採取的行動。我們每天都要做這麼多決定，每個決定耗費的時間都相當短暫，很多決定甚至不會超過一分鐘。

雖然有「三天三夜深思熟慮」這種說法，但實際上，無論你打算考慮三天三夜，還是長如懷胎十月般煩惱，決策本身只是一瞬間的事。決定「要做出決策」之後，通常只需要幾分鐘就能得出結論。

這也表示，猶豫的時間和決定的時間兩者完全不同。

我常被人說下決定很快，那是因為我盡量減少猶豫的時間。

由於我的工作涉足多種業務，無法花太多時間在單一項目上，以免讓部屬或負責的工作人員等太久。

我在思考如何更俐落地做出結論之後，意識到煩惱和猶豫的心情，跟決策其實是兩回事，於是漸漸停止無謂的煩惱，專注在得出結論這件事上。逐步習慣這種做法之後，我的決策變得更加流暢。

現在，除非遇到會影響周遭的其他人等特殊狀況，否則我通常只花一分鐘認真思考來做出決策。換句話說，只要認真思考一分鐘，就該下結論了。

此時想的不會是「該怎麼做比較好」，而是對即將做出的決策可能引發的情況，以及應對方式進行預測。在考慮可能出現的風險和狀況之後，思考這樣的決策是否恰當，並導出最終結論。

加快決策速度，你的自由時間就會增加。

加速決策，提前執行相應的行動，自然也會更快看到結果。剩餘的時間用於思考下一個決策，能更快獲得結果，接著再進行下一個決策……不斷重複這個過程。

也就是說，在同樣一天裡，有些人可能只能獲得一個結果，而另一些人卻能得到複數的結果。

因此決策的速度，足以對生產力帶來重大影響。

處方 8

用稱讚來提升部屬的幹勁

上工前

二十四歲開創自己的事業時，我對於企業的經營管理，以及身為經營和領導者所應該扮演的角色、如何培育人才等知識一竅不通。

當然，我對自己的行業（美容業界）十分熟悉，但除此之外，也只能在實際工作中，透過一次次的失敗經驗來學習和應對。當時的部屬，想必也感到十分不安吧。

雖然步履蹣跚，不過四年後，當我二十八歲時，已經開設了第二家店，擁有超過十五名部屬。但我想在他人眼中，當時的我還遠遠稱不上一名合格的經營者。

我能夠在經營者的角色定位上獲得成長，是在那更之後的事了。

契機是接二連三發生的狀況。店鋪業績下滑、遭受員工的背叛……如同一場無止境的海嘯，重大的企業問題一波接著一波地不斷朝我襲來。

究竟為什麼會接連發生這些事？我深思背後的原因，發現問題可能是出在我的思考方式。

那時我自認有在為員工考慮，但其實更重視自己的成功。

換句話說，是以自我中心的想法來指揮和行動。

對於付出寶貴時間為公司賣命的部屬來說，這自然難以接受，但當時的我完全沒有察覺到這一點。結果，不僅無法提升部屬的工作動力，甚至發生了群起反叛的情形。

即使不是一名經營者，身為領導者或管理階層人士，一旦有了部屬，就不能只考慮到自己。

要關注部屬和整個團隊（組織），為他們打造一個能夠全心投入工作的環境，並讓他們感受到，在這個職場工作是有意義的。

據說，人們有四種基本需求：

- 被愛。
- 被讚美。
- 被評價。
- 被需要。

這些基本需求當中，對於「被讚美」的需求尤其強烈，所以即使是一些小事，也可以大方稱讚對方。

對於那些說話聲音比較大、充滿活力的員工，你可以說：「你打招呼真有精神啊。有〇〇在，辦公室都明亮起來了。」對於時常保持桌面整潔的員工，則可以說：「〇〇的桌面總是那麼乾淨，看起來真舒服。」哪怕只是些微小事，你覺得不錯的地方，都可以不經意地給予一句讚美。一大早就被稱讚，沒有人會覺得心情不好。

這最終將提升組織整體的實力。

效果肯定比你想像的還好，所以請多多稱讚部屬吧。

處方
9

打造認同圈，增強團隊實力

上工前

對於組織來說，最重要的技能並不是專業技術。

我們常會看到一些具備專業技術的受僱者，因為人際關係問題而被解僱。即使是個能力突出的人才，但如果他的存在會讓其他成員喪失工作意願或降低士氣，整個團隊的實力也會下降。

組織的真正力量不在於個體，而是團隊向心力。換句話說，提升每位成員的動力，就能提升團隊整體的實力。

稱讚部屬雖是種有效的方式，但如果找不太到稱讚機會，可以集中在其他三種需求：「被愛、被評價、被需要」，並向他們發聲。

「最近狀況怎麼樣？」、「有沒有花時間陪陪家人？」、「高爾夫球的技術是不是進步了？」等，即使與工作無關也沒關係。

如果可以，最好選擇部屬容易加入的話題。對方開口之後，可以透過適時附和及提問來延續對話。

有一個訣竅是，把話題設定在部屬感興趣的領域。

談話技巧中，有種一次滿足前述四項需求的方法：「認同圈」，這是一種能夠證明個人存在價值的做法。

首先，發言者可以向目標對象說：「有〇〇在這個團隊裡，真是太好了。」然後聽到這句話的其他人，也跟著附和道：「真的，幸好有〇〇，團隊才會這麼□□。」

被稱讚、被評價、被需要、被愛——這個做法能讓每位員工發現自己職場上的存在價值，覺得自己是被需要的，進而提升工作動力。

這麼一來，就能讓公司的氣氛好轉，並實際帶動業績的提升。

假如希望這種發言能遍及所有人，可以依照A對B、B對C、C對D的方式來進行，順序怎麼排都沒關係。

在會議最後進行這個活動，能活化團隊氣氛，藉此提升組織實力。要是每天持續下去，就能更加了解團隊成員，並改善彼此的關係。

在可信任的領導者帶領下，人們的表現會明顯進步。

利用一天當中最容易提升動力的早晨，進行良好的溝通，建立與部屬間的互信關係吧。

第4章

提升創意力的九個處方

處方 1

用熱水淋浴，喚醒靈感

許多上班族會藉由晨間淋浴，來讓身心清醒過來。

其實，只需要發揮一點巧思，便能有效利用這段淋浴的時間提升幹勁，而且做法非常簡單。

剛開始淋浴的一分鐘，不需要做任何事，
只要站在蓮蓬頭下方，任水流沖刷而下。

如同瀑布修行一樣，讓稍微熱一點的水流打在後腦勺和頸部。

只要短短一分鐘，就可以感受到血液循環至全身，舒緩僵硬的部位，使身體進入非常放鬆的狀態。

甚至可以體會到，前一天的煩心事都跟著水流沖走了。

此外，在熱水的沖刷之下，可以有效刺激自律神經中的交感神經，充分提振精神。

東京瓦斯城市生活研究所（編按：由東京瓦斯於一九八六年成立的都市生活研究機構，長期進行觀察分析，預測未來的生活型態與需求）的報告指出，與起床喝杯咖啡的暢快感相比，淋浴帶來的暢快感是咖啡的兩倍以上。

這足以為全新一天揭開完美的序幕。

當你在全然放空的情況下沖著熱水，會不可思議地感覺內心平靜，這時，往往容易浮現一些嶄新的創意想法。

實際上，我會將這段放鬆時刻產生的想法應用於工作上，而且不是只有一兩次。

以前，我曾在淋浴中突然出現一個靈感，那是個令我煩惱已久，有關客戶品牌概念的主要標語，我立刻離開澡間，寫下筆記，之後與設計師在會議中討論並具體完成。

順帶一提，後來一家出版社注意到了這個標語，而向客戶提出了寫作邀請，這令我感到非常驚訝。

其他曾浮現的靈感，還包括新書企劃以及研討會內容等。我過去撰寫的書籍，包括本書，大多數的企劃想法都是在淋浴時想到的。

當然，我平常也會蒐集一些創意點子，並且把它們轉換為具體的服務，但這種在淋浴中一閃而過的靈感，也經常能帶來業績上的成長。

不過，有一點需要特別注意的是，如同我一開始提到的，你要做的事，只有任憑蓮蓬頭的水流沖刷而下。

假如一邊淋浴一邊心想：「要想出新企劃的點子!快點!」這樣反倒

容易產生反效果，難以獲得新創意。所以建議還是放輕鬆，讓想法自然浮現吧。

當你把腦袋放空，投入水流的沖刷時會自然進入冥想狀態。在你的意志之外，前幾天發生的事情會和潛意識中的想法自然結合，接著才會有一個接一個的創意發想，浮現在你的腦海中。

這個美妙狀態，只要一場淋浴便能達成，請各位務必嘗試看看。

你可能會遇見足以大幅改變人生的絕妙想法。

處方 2

用「靈光筆記」留下創意點子

被窩裡

當我們還躺在床上，想著今日一整天的計畫時，往往會源源不絕地湧現新想法。

「拜訪客戶時，帶上那個怎麼樣？」

「今天跟晚輩的會議，我應該給這樣的建議……」

「約會去那家餐廳怎麼樣？」

這些在早晨浮現的想法，經常能帶來巨大利益。早上是創意蓬勃的黃金時段。

能持續取得成果的人，自然非常重視早晨湧現的想法。

剛清醒的大腦，會在夢境與現實之間徘徊，因此容易突然想到平時可能想不到的事，或是閃過從沒出現過的點子。

我常被人說是點子王，而那些想法大多源自於早晨的靈感。我會大致記錄下這些靈感，重新整理後找到關鍵字，再將它們轉化成具體的商業企劃。這些靈感，有時也會成為解決棘手問題的線索。

許多成功人士與著名經營者，都有早起的習慣，我想這應該跟早上容易產生創意有著不小的關聯。

不過，這一切都建立在「能夠記得這些靈感」這個基礎上。一旦忘記了靈光乍現的想法，就沒有任何意義了。

一有想法要立刻記錄下來，只有自己看得懂也沒關係，先隨手記下重點即可。

可以常備便條紙和筆在枕邊，隨時準備記錄。利用手機應用程式的備忘錄功能很不錯。

我將這種在早上的記錄方式稱作「早晨筆記」，而且運用這個「早晨筆記」創造了不少利潤。

某個早上，我躺在床上茫然思考著經營中的美容院，突然想到了「三重價格」這個詞，於是連忙記在「早晨筆記」上。

後來，我盯著筆記，思考這個詞意味著什麼，才想到或許可以把服務區分成「只剪髮」、「剪髮＋洗髮＋吹頭」、「剪髮＋洗髮＋吹頭＋化妝」這三種價位來提供服務，而且實際嘗試這樣做。

結果這個決定大獲成功。無論是想打扮一下出門約會或參加同學會的客人，或是高中生和朋友一起來店裡，都吸引了廣泛的客戶群，為店鋪帶來驚人的營收。

其他還有許多關於研討會主題或是切入點等想法，也都成為我舉辦研討會的基礎，吸引了許多人前來參加。

早上一閃而過的念頭，就像充滿潛力的種子，一定要及時記錄下來。

不過要注意，創意是有保鮮期的。

再好的想法，隨著時間流逝，會逐漸滲透常識性的思維，使其變得平庸無奇。

你是否曾有過這樣的經驗？某場會議一開始時，出現了非常新穎的想法，但隨著深入討論，最終卻成了平庸的結果。

這正是創意的新鮮度下降的典型案例。為了避免這種情況發生，要盡可能將新鮮的想法付諸實行。

處方3

從報紙大標和廣告，捕捉流行趨勢

出門前

聽過一流商務人士的分享之後，我才知道儘管已是網路時代，仍有許多人會選擇閱讀報紙和廣告宣傳單。

在此，我要告訴各位如何更有效率和更有效地閱讀報紙。

閱讀報紙的方法只有一個，就是大略瀏覽過一遍。

首先，只需要快速掃過各大標題，並隨意閱讀感興趣的文章。

一則一則仔細看過每篇文章，可說是既麻煩又耗時。尤其在匆忙的早晨，更是沒必要花太多時間慢慢看。

由於報紙會將重要的內容做成大標題，掃過版面就能大致了解內容。而且只需要瀏覽前十頁，即可把握當前社會的動向。

而且，其實也沒有必要了解每條新聞的細節。

當你抱持著「只要大略獲取資訊」的心態來閱讀報紙，自然會覺得更輕鬆，也因為先建立好開放和接受的態度，閱讀起來會更有效。

人們經常忽略的是，其實在報紙版面上，除了新聞報導之外，還包含了許多其他訊息。尤其要注意廣告欄，書籍或雜誌的廣告，簡直就是靈感的寶庫。

書籍和雜誌都是依照當下的社會趨勢進行編輯出版，所以只要檢視其中涵蓋的主題，就能了解當前流行的事物，或是即將流行的主題。

暢銷書也經常成為未來流行趨勢的指標，所以多觀察書名、章節布局和大致內容，將對你非常有幫助，甚至從中獲取獨到的商業靈感。

從不同於新聞的角度來了解社會趨勢，能夠有效磨練你的品味，這也是我非常推薦的做法。

有些人可能更習慣從電視中獲取新聞資訊，尤其是在吃早餐的時候。不過，光是盯著電視看，時間一眨眼就過去了，所以最好只聽聲音，不要看畫面，也就是「一邊做別的事一邊聽新聞」。在忙碌的早晨，沒有必要特地看著電視畫面，浪費寶貴的時間。

倘若你還認為「新聞＝一定要知道的事＝重要」，不得不說，這個想法有很大的誤解。有效吸收對你而言必要的資訊，更為重要且獨具意義。

處方 4

利用零碎時間聆聽音訊

通勤時

對於能夠持續締造優秀成績的人來說，通勤時間是培養自身潛力的黃金時段。

他們會善用這段時間，來改變當天，甚至未來的可能性。

有些人會在通勤時間內學習，取得專業證照；有些人藉此加強了英語會話能力；甚至還有人在這段時間裡，找尋到自己的天職。

提升商務技能的絕佳方法之一，就是聽研討會的錄音檔。

以前，我開車通勤的時間，大約需要花上二十分鐘。

我會在車上播放各式不同研討會的錄音檔。因為我住得比較偏遠，平常又很忙，對我來說，這二十分鐘是十分寶貴的學習時間。從研討會錄音檔中學習到的知識和心態，對日後的我產生了相當大的影響。

特別推薦研討會錄音檔的原因是，它提供了與閱讀書籍不同的學習經驗，可以直接從講師那裡獲得豐富的知識技能。

畢竟，只參加一次研討會還不足以充分吸收，要經過反覆聆聽，才可能真正將其融入自己思考，並轉化為實際行動。

在繁忙的日常中，自然沒有時間和金錢多次參加同一場研討會。反覆聆聽研討會的錄音檔，可以節省時間和成本，而且因為可以同時做其他事，也不會占用到多少時間。

許多熱衷學習的上班族都會抽空讀書，但會延伸到聽研討會錄音檔的人並不多。因此，這或許也是一種能有效拉開與他人差距的學習方法。

處方 5

研究廣告文案，磨練文字力

通勤時

電車車廂裡是學習的寶庫。

我想，能像這樣提供如此豐富多元的啟發和學習機會的場所，應該不多了吧。

當中的焦點之一，就是車廂中的懸掛式廣告。

我想多數人應該都知道，這些懸掛式廣告，大多有企業負責支付的高額廣告費用。因此，許多企業會花重金聘請專業人士來製作這些廣告，其中包含了精心規劃的標語和設計。

懸掛式廣告是專業中的專業作品，也是學習文字吸引力、運用技巧和措辭的絕佳教材。

之前，我曾參考一則車廂懸掛式廣告的標語，更改了研討會的主題名稱，結果吸引比以往更多學員報名。從那之後，我都會特別留意能夠吸引人的言辭和展現方法，並應用在簡報資料、新產品的命名，甚至是活動的主題等。

每天坐電車時，就好像在參加最新的標語創作研討會。這是學習專業文字表達能力的絕佳機會，應該好好善加利用。

不過，如果光是以旁觀者的角度來欣賞，這種做法沒辦法在腦海中留下深刻印象。

建議先花上一分鐘，仔細觀察某家公司的懸掛式廣告。接著，思考上面的標語是否可以應用在自己的產品或服務項目上，或是與自身主題的關聯性。

這個過程不僅能當作思考訓練，也有可能孕育出新產品的創意標語。改變不同視角，讓廣告成為潮流資訊和創意靈感的來源。

乍看與商業無關的雜誌廣告，也能成為重要的發想線索。只要從「這是不是能運用在其他地方？」的角度來進行觀察，你會發現周遭充滿了發現與學習的機會。

處方 6

觀察他人的談話和持有物

通勤時

電車車廂以及咖啡廳，是獲取第一手生活資訊的寶庫。

只要細心觀察周遭，就會發現各種各樣的人們，男性、女性、兒童、年輕人、中老年人等，甚至還有外國人。這意味著，你可以在這些地方獲得網路上無法提供的現實社會資訊。

這些第一手資訊，包括這個社會發生的事件，以及眾人在生活中的實際想法。

從時尚風格、隨身物品、行為舉止、對話內容、閱讀的書籍或雜誌等媒介上，我們可以了解人們對哪些事物感興趣，以及在媒體和網路上所看不見的社會面貌。

例如，由於工作關係，我會特別注意人們的髮型，以及他們閱讀的書籍或雜誌標題。有時甚至一瞥他們正在翻閱的頁面，藉此得知不同年齡層會對哪些內容感興趣。當然，為了不顯得突兀，我只會隨意觀察大約一分鐘，但這就足以讓我獲取許多資訊了。

從這些第一手資訊中，我常能聯想到新的研討會主題或商業企劃。

我有一位擔任編輯的朋友，曾在電車上聽到兩位看起來像上班族的女性正在討論「契約書」有多麼難寫，這激發他出版一本針對中小企業總務部門的「契約書指南」，聽說這本書後來成了暢銷書。

周遭乘客的對話，也經常包含了各種不滿，可能是對公司的、對配偶或雙親的，或是對生活的不滿。聆聽這些對話，可以理解他們不滿於現狀的真正本質。

該如何解決這些不平、不滿呢？這些想法都是成為新產品或新企劃的創意來源。

此外，我們也能從乘客攜帶的物品，預測下一個流行趨勢或即將崛起的商機。

觀察眼前的狀況，預測其背後的可能性，進行驗證，並創造出新事物。這就是商業的本質。

沒有什麼情報會比現場收集而來的更有價值。

不斷觀察周圍的人們，思考能夠從中挖掘出的商業機會，藉由這樣的訓練，能夠有效鍛鍊你的洞察力。

讓我們在生活中，培養出獨一無二的創意思維吧。

處方 7

三個視角，確立個人決策基準

上工前

隨著網路和媒體多元化，我們每天都能接觸到豐富的資訊。

比方說，只要你有臉書帳號，就會自動出現「你可能認識的朋友」，促使你擴展朋友圈（當然，還需要經過對方同意），甚至能藉此了解他們的日常生活。這類好幾年前還無法想像的事，如今已成為常態。

由於這樣的進化還會持續下去，我們將接觸到更多資訊。

每天處於如此大量且具有吸引力的資訊當中，我們可能會因而跟著張貼訊息，或沉迷於線上交流中，甚至加入各式各樣的群組（社群），不知不覺被各種情報牽著走。

當然，從資訊中獲得刺激是好事，但也有人過於沉迷以至於廢寢忘食，或者不斷被他人的意見左右。老實說，這是非常危險的事。

「你」必須保有自我。

為此，你需要擁有屬於自己的判斷準則。

為了始終保有「自我」的原則，我為自己設定了判斷標準，也就是「只有這個不能退讓！」每當感到猶豫或遲遲難以下決定時，我總會回歸到這個標準，思考身為「後藤勇人」的我應該怎麼做，然後再做出決策。

我的判斷基準，是從以下三個視角來評估事物是否能過關：

①本質視角。
②多面向視角。
③長期視角。

①本質視角是指從事物的根本出發，考慮「身為後藤勇人，應該要怎麼做」。

比方說，我打算採取的行動或解決方案，站在個人或社會人士的角度來說正確與否、是否符合自己的人生理念等視角。

本質視角可以說是一種重視理念的思考方式。

②多面向視角不是只從單方面來觀察事物，而是從多個面向來考慮「身為後藤勇人，我應該做的事」。

一個圓錐體，從上面看是圓形，但從側面看就是三角形。同樣地，事物會因為觀看角度的不同，而呈現出不同的面貌。

也就是說，從某個角度來看，某件事可能會是「後藤勇人應該做的事」，但從另一個角度看，可能就不是了，在這種情況下，我就會判斷「不要去做」。

多面向思考可以說是一種重視平衡的思考方式。

③長期視角正如其名，是從長遠的角度來審視「現在身為後藤勇人應該做的事」。

有時人們會為了追求眼前的小利，而忽略將來可能帶來的重要利益或機會，因而錯失良機。

為了避免這種情況發生，才需要以長遠的觀點來進行檢視。

長期視角可以說是一種重視未來設計的思考方式。

透過①～③的視角來看待事物，我才能不為多樣化的資訊所惑，堅守自己的原則。讓自己不被眼前的欲望、金錢或短期利益左右。

從這三個視角重新審視整件事，每個項目也不過只需要花費到一分鐘左右。

只需要詢問自己：「①有沒有考慮到本質視角？」、「②有沒有考慮到多面向視角？」、「③有沒有考慮到長期視角？」就能進行回顧與反思。

建立自己的判斷基準，擁有堅定的自我決策主軸，
不僅能夠解決優柔寡斷的問題，
也不用再浪費猶豫的時間。
人生的水準在於決策的水準，也就是判斷的水準。

為了不做出錯誤的重大決策，請務必從這三方視角多加思考。

處方 8

走到戶外吹吹風

起床後

我常聽到人們說，工作一忙，甚至不知道天氣冷暖一天就過去了。換句話說，他們根本無暇留意周遭的環境。

假如你對周遭環境視而不見，那也很可能無法冷靜地處理工作。在這種時候，人們也較容易產生嚴重的失誤。

這裡特別推薦一個方法，幫助你快速進入最佳工作狀態。

盡量在白天找個時間，走出戶外一次，並深呼吸。

最佳的時機是早上（午前）。即使只有短短幾分鐘，走出戶外，感受清新的晨間空氣、風與陽光，會喚醒你的身體和感官，頭腦和心靈甚至也會變得清晰許多，使思考更為活躍。

此外，深呼吸能促使你吸入大量氧氣，讓血流（體液的狀態）恢復正常，加速排出老廢物質，有助於恢復疲勞。

深呼吸，也能使心中的煩悶瞬間消散。

走向戶外，大口大口地緩緩重複深呼吸幾次吧。

要是時間上有餘裕，也可以稍微活動一下身體。

像是仰望天空做做伸展操，給植物澆澆水，或是散步個幾分鐘都可以。適當活動身體可以促進血液循環，讓大腦清醒過來。

或許是血流活絡之後，為大腦輸送了足夠的養分，有時也容易突然湧現一些意想不到的好點子。

正如前面提到的，早晨一閃而過的靈感非常寶貴，請務必要好好記錄下來。

人們一旦感到生活太過單調，就會喪失動力，這是人的天性。如果你只忙於工作，沒有時間關注其他事情，生命力可能會衰退，甚至可能陷入憂鬱狀態。

自然的風和陽光可以喚醒生物原本擁有的潛能。這也是為什麼我們一出門就會感到神清氣爽的原因。

為了讓自己保持在最佳狀態，定期自我重整是不可或缺的一環。最簡單的方法就是在早上走出戶外。

為了在職場上發揮最佳表現，不妨也在工作前深呼吸一口氣，找回原本那個充滿活力的自己吧。

處方 9

大膽休息充電去吧

起床後

想一直發揮一〇〇%的工作表現，就必須讓自己的身心經常保持在最佳狀態。

能持續做出成果的人，會在一大早調整好自己的身與心。

感到疲累時，聽聽與工作無關的放鬆音樂，或者看些自己喜歡的影片。要是有時間，索性去看一場電影也是個不錯的選擇。

忙碌時，身心容易在不自覺間過度操勞，最後導致工作表現下降、成效變差。

一旦成效不佳，再怎麼長時間勞動也很難有所進展，結果只會一事無成。所以如果想取得實質成果，則要有適當的放鬆和休息。

以我個人為例，會將晚上完全設定成放鬆的時間，所以除非有緊急狀況發生，我在晚上八點之後基本上不碰任何工作。

我會利用空閒時間看看電影、去三溫暖放鬆或和寵物玩耍。

因為缺乏休息而降低成效，這種做法完全是本末倒置。

如果一大早起來，覺得今天身體狀況不佳或心情不穩定，感到身心失衡，就應該毫不猶豫地休息充電一下。

請假休息當然是最好的選項之一，但有時候不一定可行。

在這種情況下，倒不如乾脆一點，徹底放空發呆有意識地打造一小段休息時間。

比方說花十分鐘搜尋一下想去的旅遊景點，或找找哪裡可以買到自己有興趣的新產品等，這些能使人感到興奮的想像，都能讓大腦進入放鬆狀態。

這些方法，都是對自己的療癒與投資。
徹底放鬆休息，有助於調整身心狀態，
有時在休息過後，工作起來會更有效率。

為了持續保持最佳表現，請適時給自己放鬆休息的選項。

第5章

大幅提升貴人運的七個處方

處方1

感覺對了，就主動邀約

由於工作關係，我每天都會跟許多人見面。

畢竟人與人之間能夠相遇就是種緣分，有時也會遇上帶來強烈「心動」感的人。

我們常說談戀愛有沒有「來電」很重要。我認為人生也一樣，特別是在商業上，這種「心動感」也相當重要。

正因為當下此刻遇見了某人，所以這份「心動」才顯得意義重大。只不過，商務上的相遇，與其說是第一眼就感覺「來電」，更多情況是在聊天過程中覺得「感覺對了」。

因此，我積極與更多人見面、交談。

當感受到那份「心動」時，會在聆聽對方說話的同時，開始思考、模擬如何結合雙方的商務內容，創造出新的策略方向。

由於只是在探索可能性，所以會盡可能自由思考，同時也必須考慮到足以產出利益的商業模式。

即使公司業務性質看似完全不同，有時只要夠創新，就能創造出新的業務模式，所以無論對方是哪個業界的人，我都不會省略這個過程。有時，我甚至會在第二天早上，躺在床上繼續思考這件事。

在研討會等場合談論到這個話題時，有不少人都會覺得：「我對自己的事業已經很滿意了，不需要再去拓展新的業務吧？」、「這不是只適用於想創業的人嗎？」

他們的看法似乎很有道理，但那只是「目前」的狀況。

商業如同生鮮食品，會隨著環境而時刻變化。

做任何生意都會經歷導入期、成長期、成熟期和衰退期這四個階段。無論過程中業績有多好，只要社會在變動，產品和服務遲早都會進入衰退期。一旦進入衰退期，就很難再像成長期和成熟期那樣持續創造利潤，最後只會陷入停滯。

為了避免這種情況發生，我們需要不斷尋求新的嘗試與業務架構。

無論「現狀」再好，
我們都無法預知「下一刻」將會如何。
因此才有必要持續思考新的商業模式。

如果你覺得聆聽對方說話的同時，很難思考其他事情，那麼聽完對方說話之後，花上至少一分鐘的時間，不要與任何人交談，專心回顧對方所說的話並進行思考與模擬。

「心動」是你感受到雙方可能性的一種直覺，或對其商務內容深感興趣的證明。建議你可以將「能發掘出什麼可能性」的想法，當作思考的起點。

有時候，甚至會對從未實際見過面的人感到「心動」。

例如，你可能透過電視節目等媒體知悉某人的想法，或從網路上得知某間企業或商品。一旦產生這種感覺，千萬不要猶豫，坦率地去見對方的負責人吧。

如果你已經想到了合作的點子，先不用急著告訴對方，要先確認是否符合對方的利益。追求雙贏關係，才能夠真正談成生意。

充分考量過對方的利益之後，再提出你的想法，對方也一定會對你產生「心動」的感受吧。

處方 2

去見關鍵人物時，清空後續行程

當即將與事業上的關鍵人物，或是你想打好關係的對象見面時，建議不要在會面時間後安排其他行程。

當然，如果是約在上午或午餐時段的會面那就另當別論，但如果約定的時間是在下午三點過後，最好先把後續的時間空出來，以期延續更多的機會。

這是實際發生在我身上的案例。不久前，透過朋友的介紹，我有幸參加一位仰慕已久的知名人士所主辦的派對。

派對本身當然非常有趣，但更讓人意想不到的是，在派對結束後，主辦人還舉辦了一個只有內部人士才能夠參加的小型聚會，我跟朋友也接獲邀請。我雖感到喜出望外，但令人遺憾的是，先前我就已經安排了其他行程，所以只好先行離開，當時的我可說是百般不捨。

後來從朋友那裡聽說當晚的情形，我更是後悔了。據朋友表示，當天的聚會非常熱鬧，在場的人甚至決定一同開展新業務，我朋友自然也是其中一員。當我祝賀他時，內心卻是充滿了遺憾。

從那之後，每當我要跟關鍵人物或希望建立關係的人見面時，都會自然而然地考慮到後續發展的可能性，之後的時間不再安排其他計畫，並事先在手帳中畫上「╳」，以代表「無法安排其他事宜」。

自從修正成這個做法之後，我從中獲得了許多好處。最近，我們在一次研討會後的聚會組成了新的團隊，正進行各種商業合作。

商業機會經常源自人與人之間的交流，透過各自擁有的商務技能和思維方式，機會才能逐漸成形。

一次偶然的相遇，甚至短短一分鐘的對話，都有可能大幅改變後續的商業發展。事實上，這本書也是從我與責編的某次相遇中誕生的。

這類邂逅，會從你意識到的那一刻起，產生各式各樣意想不到的新商機。

因此，當有機會與關鍵人物見面時，請先別安排後續的行程，努力爭取能創造嶄新商機的寶貴時間。

處方 3

用「自我肯定宣言」放下負面情緒

出門前

我每天早上都會進行「自我肯定宣言（Affirmation）」。

在自我肯定的項目中，我特別留意「放下憤怒的情緒」這一點。

日常生活中，總會遇到一些不合理的事，尤其職場上更是如此。我們心中或多或少會產生一些負面情緒或不適感——這些感受，有時候會轉變為憤怒或不滿的心情。

長期將這些負面情緒放在心裡，並不是件好事。然而，把憤怒直接發洩在別人身上，也不是成熟的做法。

我遇到過的一流人士，都非常擅長控制自己的情緒。不管遇到多麼不合理的事情，或遭受他人言語攻擊，他們仍從不動怒，甚至察覺不到有一絲不悅。

他們究竟是怎麼做到的呢？當我好奇地提出疑問，他們答覆我的，就是前面提到的自我肯定宣言。

不用強迫自己改變對憤怒情緒的理解，而是選擇輕輕地放下它。

發生在自己身上的一切都是上天的安排，也都是我們自己吸引而來的。因此，無論結果如何，我們都應該平靜地接受，即使是與自己意見不同的看法，也不需要否定，只要做出當下最好的選擇，等候自己的天命。

這樣一想，會讓負面和憤怒的情緒逐漸消失。

假如無法適時釋放憤怒的情緒，將其一直壓抑在心底，可能會因他人的行為感到心煩意亂，甚至於對小事動怒，無法維持平和的心情，失去自我，導致生產力下降，表現也會大幅受到影響。

早上是放下憤怒情緒的最佳時機。

如果能夠在早上成功釋放憤怒，那麼一整天都能保持平靜的心情，過得更忠於自我。

此外，你也會比較不容易受到他人左右，能專注在自己要做的事上，拿出高效率的表現，使工作更加順利。

如果明顯感到動力不足，或事情進行得不太順利，那也可能是在無意間累積了太多憤怒或負面情緒。因此不妨定期實行前面提到的「自我肯定宣言」，清除內心的淤塞，使自己煥然一新。

處方 4

提案時，要準備三個選項

通勤時

人們有一種習慣，面對多種方案時，往往會傾向從中做出選擇。

這代表當你要做提案時，假如先為對方準備幾個感覺還不錯的選項，被選擇的機會就相當高。

成功人士為了讓場面往自己期望的方向發展，會事先準備三個反映出自身意圖和希望的選項，再進行談判交涉。假設只提出一個方案，對方的選擇只剩「好」跟「不好」，也就是「YES」或「NO」時，會降低一半被選擇的機率。反之，要是有太多選項可選，對方也可能會感到猶豫，遲遲難以做出決定。

最重要的是，提議內容對自己也要是有利的。亦即，

要營造出提議容易被採納的情境。

因此，提出三個選項剛剛好。

但要記住，這些提議必須對雙方都有利，並且都能夠帶來收益。

在構思提議的階段，可以參考以下步驟來進行：

①釐清一個自己難以妥協的重點。

②歸納出對方可能難以妥協的重點。

③在考量到①跟②之後，構思出對對方有利的提案。

之後若是能簡潔易懂地解釋這三個選項，對方執行評估的過程將更加流暢。

談判與簡報的準備，也可以趁通勤時模擬練習。

有效談判的關鍵在於，設計出能夠取悅對方的計畫。

盡量從對話中讀取出對方無法妥協的部分，並提出囊括這些要素的計畫。假如能夠爭取對方的認同感，對方自然沒有拒絕的理由。而且，在對對方有利的情況下，利益率越高，提案會越受歡迎。

主動準備三個不同類型的提案，對方也會因而對你產生期待，進一步提升促成談判的機率。

能同時讓雙方感到滿意的商業提案，結果通常都能令人滿意。

處方 5

把好運傳遞給他人

上工前

所有事物都存在著流動性。

就像自然界中河川的流動、人體內的血液流淌、組織內的訊息流動一樣，運氣也同樣具有流動性。當你感受到自己似乎正處於一個良好的循環中，這時，別讓這份運氣只停留在自己身上，也要記得將它傳遞給周遭的人。

不知道你是否曾有過類似的經驗？

比方說，你近兩年的戀愛運都不太順，在半放棄的狀態下，卻突然交到了男女朋友。一位單身的朋友跟你一起參加活動時，也恰巧在那裡遇到了未來的伴侶。

或者有時，跟公司的後輩隨口談論到：「我們最近的運氣似乎都還不錯呢？」結果對方果然運氣也漸漸變好，宛如幸運正連鎖蔓延開來——這就是所謂的「幸運流轉」。

能持續取得成果的人，非常重視這種運氣的流動。

因為他們深知，只要搭上這股流動，自己也能獲得成長，並且邁往下一個階段。

自從遇到以「Greco」聞名的世界頂級吉他製造廠富士弦的創辦人——橫內祐一郎先生之後，我的運氣就勢不可擋，無論在商業及個人方面都加速獲得成長。

由於不希望這份運氣只停留在自己身上，我也嘗試將它傳遞給其他人，因此我每年舉辦「橫內塾」等許多活動，這段期間中，有不少參加者成為商管書作家和成功人士。

此外，我曾出版一本根據橫內會長的教誨編寫而成的書，並且收到了很多讀者的來信，表示這本書改變了他們的生活和工作方式。這些信件同樣帶給了我許多勇氣及啟發。

將流動到自己身上的運氣傳遞給別人，這麼做會吸引更多新的幸運。有些人可能會覺得，將運氣傳遞給他人是種「浪費」的行為，但這絕非事實。

如同河流與血液一樣，正因它們持續流動，才能常保清澈與活力。如果貪婪地將運氣阻擋在自己這裡，運氣將會像水坑一樣，從停滯的地方慢慢漏掉，運氣的流動也會因而停滯。

最終，流向自己的幸運將會停滯下來，成長也會跟著停下腳步。

因為阻擋運氣的流動，意味著阻斷了世界上的幸福流向。

幸運絕非獨自一人就能夠獲得。
要與許多人共享，才能創造出運氣真正的價值。

當你擁有這樣的心態時，將真正使幸運成為你的盟友，而且吸引到更多好運。

處方 6

將成功歸因給他人

上工前

對你而言，成功是什麼？

能持續取得成果的人，在實際獲得成就時，會認為「這都是大家的功勞」，並且真心誠意地說出口。因為他們知道，工作不是靠一個人就能完成。

銷售、談判、成交等步驟或許是由自己來負責。但在這背後還有製作商品、精審文件、負責寄送的人，有了這些流程，工作成果才得以實現。

而且，無論提供了再怎麼優秀的內容或服務，假如沒有人願意使用，任何工作也不過只是種自我滿足而已。

還有一直支持著自己的家人、購買商品的客戶、勤奮工作的員工、嚴厲指教的上司……被這麼多不同的人包圍著，才有了「自己」的存在，以及成功的舞台。

成功不是一個人就能夠實現的。

要得到許多人的支持，才真正能稱得上成功。

對周遭的人毫無感謝之意的人，會發現身旁的人逐漸離他遠去。

當財務狀況良好時，或許可以用金錢維繫部分的關係，但只有彼此真心相待，人際關係才能夠真正建立。

因此，別忘了對身邊的人表示感謝，並堅持追求自己的理想，持續向前邁進。

處方 7

真心恭賀別人的成功

上工前

從過去的經驗中，我發現，多數成功人士都有一個共同點。那就是會為他人的成功感到喜悅，並獻上真心的祝福。

我有個朋友，是一名經營顧問，同時也是一個在全國擁有超過五百名會員的會員制商務組織負責人。他不僅是一名出過好幾本商管書的作家，也身兼出版經紀人，可謂是名副其實的成功人士。

他也同樣樂於見到他人的成功，這種想法著實令人敬佩，每次親身接觸到，我都覺得非常感動。

有一次，他所企劃的某個工作主題和一位熟人的項目不謀而合，甚至可以說是完全重疊。

雖然是他先想到那個點子的，但最後仍由那位友人率先展開了這項計畫。

由於知道他花了很多時間準備，我原以為他會非常失望，但實際談話之後，卻發現跟我想的完全相反。

他說：「這個案子我早就計畫要實現了，結果我朋友先啟動了同樣的計畫。雖然有點遺憾，但這是上天的安排，我應該坦然接受，也為他的成功感到高興並給予支持。」

聽到他這麼說，我深感佩服。

畢竟，每個人或多或少都會希望自己比別人更成功。

但請仔細想想，當周圍的人或朋友獲得成功的機會，也不一定與你完全無關。

那些成功的人們，或許也能將你帶上成功的舞台。

而我身邊，也確實有過類似的例子：

- 一位友人在接受雜誌採訪之後，一舉成為知名企業家，之後他介紹了那位記者給我認識，結果我也被採訪刊登在雜誌上了。
- 我提到即將進行一場重要商談時，有好心人介紹了一個據說能促使商談順利進行的貴賓會客室給我，還幫我預約跟安排了這個只有會員才能使用的地方。
- 一位事業有成的朋友，受邀參加一個只有知名成功人士才能入場的派對，他邀請我一起去，讓我這個創業經驗尚淺的新手也有機會與成功人士交談，不僅獲得許多啟發，也交換了聯絡方式。

你或許也曾有過類似的經驗。

若是身邊的人們成功抓住了機會，請務必給予支持。獲得支持的人一定會有所回報。因為，任何人都會因為被支持而感到高興的。

當你總是為他們加油，並為他們的成就感到高興，這些人自然會想要有所回報。

能真心為別人的成功感到喜悅，自然也會得到對方的支持。

換句話說，能為他人帶來喜悅，才是真正接近成功的人。這樣的行為會產生正能量。願意支持別人並帶來正向情緒的人，容易被正能量所包圍。

正能量會吸引更多正向流動，進而產生更強大的正面效應。

這就是成功的循環。

當你從曾經支持過的人那裡，也獲得支持與喜悅的心情時，請坦然接受。那一刻，也正是你踏上成功之途的時刻。

第6章

實現未來夢想的十個處方

處方1

上工前

愉悅的招呼能吸引好運

早上一到公司，要主動跟每一位進入視線範圍的人打招呼。問候是職場的基本禮儀，而且一句愉快的招呼聲，也能使對方心情愉快。

早上的問候不僅能建立人際關係，也是能給予他人活力的絕佳工具。絕對值得好好運用。

對於平常不太有機會交談的對象，打招呼也是建立連結的重要機會。

利用早上的簡單問候來建立人脈，日後在參與專案或相關活動時，也比較有機會獲得他們的支持與協助。

在某些情況下，積極的問候態度甚至可能讓你獲得上司的青睞，被選為重要專案的成員。

之前，我就曾聽一位經營者談及這樣的經驗：

當有一位安靜而優秀的新進人員，和一位活力充沛而平凡的新進人員，在挑選新專案的成員時，他會毫不猶豫地選擇那名活力十足的員工。

充滿活力的問候，通常沒有人會感到不悅。特別是對於新進員工，資深員工會覺得：「這孩子實在很努力，值得好好支持。」

這也代表著，早晨的問候有助於團隊的凝聚力。

另一個好處是，雖然是對著他人打招呼，但聽得最清楚的人，其實是你本身。

能帶給他人活力的話語，
當然也會為你自己帶來活力。

也就是說，你正透過問候，為自己的大腦創造一個充滿活力的狀態。
當大腦處於愉悅狀態時，便會產生正面能量的波動。
當這些正能量充滿大腦時，就會吸引更多正面的人事物，帶來好運。
利用早上的問候，讓他人跟運氣都成為你的重要盟友吧。

處方 2

遇上難關，對自己說「我可以」

起床後

漫長的人生中，會再三遭逢危機時刻。

而危機來臨時，能夠發揮實力，克服逆境，才算是真正擁有商務實力的人。

成功人士面臨危機時，不會陷入沮喪的情緒，而是鎮定地處理應該做的事。

這並非因為他們天生應對自如，而是他們能夠適時調整情緒，以期冷靜應對，避免危機擴大。

人們陷入困境時，往往急於採取對策，但這樣容易因為失去冷靜，而導致問題更加嚴重。

為了避免這種情況發生，面臨困境時，要先讓自己的心情和頭腦平靜下來。我最推薦的方法，是藉由自我表揚和鼓勵來為自己打氣。

透過自我激勵的話語，讓自己打起精神來。

當我感受到極大的工作壓力，幾乎難以承受時，我總會說這樣的話來鼓舞自己：

「你是被選中的人，一定沒問題的。

人生沒有所謂的失敗，只有成功和從錯誤中學習。

只有當你停止挑戰的時候，才算是真正的失敗。

鼓起勇氣採取行動吧。

不實際採取行動，讓時間白白流逝，那才會面臨真正的失敗。

要活出即使明天就會死去，也不會感到後悔的今天。」

即便如此，當危機降臨，任誰都會感到脆弱和不安。因為心中總會有一股無法確定的不安全感。

換句話說，假如能消除這樣的不安全感，心情就會輕鬆不少了。

為了化解心頭上的不安，我建議你採取以下的步驟：

①列出如果情況更加惡化時，可能會發生的事情。

②針對每件事情思考對策，進行風險管理。

③找出三個目前能應對的最佳方案，確定優先順序並依序實行。

進行這三個步驟之後，無論接下來發生什麼事，一切都已在你的預料之中。

同時，由於已經在過程中想出應對策略，除了能化解心中的不安感受，也更能鼓起勇氣採取行動。

每當我遭遇問題時，都會在早晨醒來之後進行冥想，並向自己宣告：

「無論面對什麼樣的問題，我都能夠克服。」

然後，我會想像自己已經解決問題，而且達到最佳狀態。這樣一來，心情會自然而然地平靜下來，大腦也會開始試圖解決問題，最終，事態也會逐漸朝好的方向發展。

在遭遇危機時，最重要的是先給自己一段自我激勵的時間。接著才能化解內心的不安，以尋求改善現況的解方。

你絕對沒問題的。

請千萬別忘了這一點。

處方 3

將時間視為盟友，立刻行動

起床後

由於工作的關係，在與許多成功人士交流的過程中，我驚訝地發現，他們都具備一種相似的技巧：

讓時間成為盟友，依照自己的期望來掌控它。

許多抱怨工作忙碌的人，其實是被時間操控著。

總是看著時鐘，心想：「只剩幾個小時了」、「差不多該出門了」，匆匆忙忙地進行準備。

這正是與時間的爭鬥，時間成了他們的敵人。

為了不被時間牽著鼻子走，要設法讓時間成為最佳的盟友，才能實現自己想做的事。

這需要培養立刻付諸行動的習慣，不拖延應該做的事。

養成即刻行動的習慣之後，即使突然有急事發生，也能應對自如，當機會之神降臨時，也能及時掌握。

成功人士為了做自己想做的和應該做的事，都會讓時間成為自己的盟友，迅速應對突發狀況，並保持心情與時間的餘裕，進而抓住機會。

為了讓時間成為盟友，我每天早上都有一套固定流程。

起床之後，我會先看看手帳，想像一下當天的行程，就像設定車上的導航系統一樣。藉由掌握一整天的流程，來掌控時間的主導權。

讓我們學會與時間和諧相處，不錯過任何機會，持續理想的成果吧。

處方 4

感覺不對時，先停下來

起床後

「直覺對做生意來說很重要。」

這是許多知名企業家都曾說過的話。你可能會好奇：「直覺到底是什麼？」但回想過去，你或許會意外發現自己時常受到直覺的引導。

我曾經很想購買一塊土地。當時尋覓物件沒過多久，就遇到一個條件幾乎完美符合、非常有吸引力的物件，連旁人都極力推薦，但我直覺「有些不對勁」，而遲遲下不了決心，最後甚至決定放棄。所有人都很驚訝，但我就是無法忽視那種莫名的不協調感。

幾天後，我得知那塊土地牽涉到一些危險人物，也就是所謂的爭議性物件。如果我當時忽視直覺買了下來，很可能遇上一些麻煩事。

遵循本能做出的直覺判斷，往往能帶來較好的結果，這點已在許多實驗結果中獲得證實。

直覺常被誤解為只是一種感覺，但實際上，它是基於大腦中大量資訊（包括經驗與學習）所得出的結論。在考慮到所有能夠想到的風險，並進行全面檢視之後，直覺就會發揮作用。

也正因如此，直覺往往能導向對自己有利的決策。

當然，來自周遭他人的意見也很重要。但是，

當直覺發揮作用時，意味著「可能有什麼問題」。

很多時候，「等待」也是個重要的選項。

特別是當你感覺到「不太對勁」時，不妨暫時「觀望」一下吧。

雖然有些決定能夠抓住機會，但傾聽內心的聲音更為重要，期望未來能有更理想的發展，這樣也能吸引機會到來。

不過，如果沒有足夠的資訊，就無法發揮正確的直覺。

所以做決策時，要盡可能蒐集必要的資訊，在仔細考慮之後，最終的決定可以交由直覺來判斷。

處方5

給自己沮喪一分鐘的時間

起床後

人生總會發生意料之外的事情。

有時候，你可能會感到格外沮喪。但是，沉浸在失落的心情中，也無法改善現況。

稍微給自己一些消沉的空間，將負面情緒發洩出來之後，讓自己重新回到積極的狀態。就算有些勉強，也沒關係。

你可能會覺得，人哪有這麼容易就能轉換心情？確實，或許真是這樣沒錯。但從長遠角度來看，人生中的困境，其實也可能成為機會的大門。

我曾聽過一位經營者的故事，公司一位高層辭職之後，他接手了對方的業務。由於能直接觸到現場狀況，相關問題意識讓他學習到行銷技巧，後來幫助公司業績大幅提升。

發生在你身上的事情，不一定都是壞事。

受到沉重打擊時，請試著尋找讓你感到沮喪的「意外事件」中比較正面的部分。

「跟那次此生最大的打擊比起來，這次受到的傷害小多了。」

「對方公司跟我們公司都沒有出現損失，真是太好了。」

「還好不是在前天舉行婚禮那時發生。」

諸如此類，無論多細微的事情都可以。給自己一分鐘的時間。不要否定任何想法，盡可能多想些正面的事情。

實際做起來，你會發現其實這是個挺困難的練習。

要認真面對，並且深入了解一件事情的本質，才能去除覆蓋在你眼前和情緒上的「負面意象」，不然可能很難想出第一個正面的事情。

如果找不到答案，你可能會開始感到焦慮，頭腦也開始高速運轉……一旦進入這樣的狀態，就算成功了。

這代表你已經專注於思考，不再去想其他多餘的事情，也會更容易歸納出正面的想法。

即使是同一件事情，改變視角就能有不同的看法。即便原本只有負面感受，只要細心尋找，也會發現正向的一面。

奇妙的是，一旦你發現事情有好的一面，心情就會輕鬆許多。這個方法對於減輕壓力和焦慮也非常有效，真心推薦。

處方 6

每天朗讀自己的目標

上工前

最近，有越來越多公司會訂定個人目標。這些個人目標，可能是要達成的業績數字，或者專案達成目標，當然也包括公司整體的目標。

有一個能夠實現這些目標的捷徑，那就是：

每天早上大聲朗讀這些目標。

朗讀的同時，有助於大腦牢牢記住這些目標，並為當天的工作進行準備，以朝向目標持續努力。

如果擔心來自周遭的目光，小聲一點也沒關係。

不過，由於目的是要讓大腦記住這些內容，所以一定要一條一條慢慢讀出來。

人類的大腦機能非常優異。

特別是在資訊處理方面，據說比任何電腦都要來得優秀。

右腦的資訊處理能力每秒超過一千萬位元，然後左腦會以邏輯的方式將這些靈光一現的想法視覺化，轉變成言語或意象。

可惜的是，人類目前只能使用腦力的一小部分。要更有效率地活用大腦，需要輸入具體項目來發出命令，讓大腦充分意識到目標的存在。

將目標朗讀出聲，也是自我肯定宣言的一部分。如果還沒有決定確切的目標，可以在早上選定三個目標，再進行自我宣言。這樣做對於推動工作很有幫助，能讓我們對工作的安排更加地適當、精簡且穩定。

處方 7

做不到的事情就勇敢放棄

上工前

人都會有擅長和不擅長的事情。

無論多想要做好某件事，假如不太擅長的話，往往難以順利進行，除了需要耗費大量時間，也很難達到效果。

更糟糕的是，若是過度執著於自己不擅長的事，包括動力在內，各方面都容易受挫，甚至連自己原本擅長的領域也會受到影響。

簡單來說，其實就是：

無論怎麼努力，有些事情你就是做不到。

接受這一點，不要做無謂的掙扎，要有放棄的勇氣。

在中國典籍《朱子學》中有一句「主一無適」，指的是「做事要專心一致，心無旁鶩」。

這種思維，對於順利完成事情非常重要。

事實上，如果想完成的事情有好幾件，也不可能同時都去做。嘗試同時進行會使能力分散，最終什麼事也做不好，對任何人來說都沒有好處。

相反地，如果只專注於一件事，並取得出色的成果，那就表示你成功達成了工作目標。

放棄不是一種逃避的行為，而是市場行銷中所謂的「選擇與集中」，這在商務上是非常重要的技能。

現在，拿出勇氣選擇自己應該做的事情，並判斷哪些是最重要的。

處方 8

模仿最優秀的人

起床後

當你想實現夢想或目標時，有一個非常有效的方法，那就是：

模仿同領域中，已經達成你渴望成果的第一人。

最重要的是，仿效對象必須是該領域的佼佼者。也就是說，不是模仿你身邊的前輩，而是業界一流的人物。

一流人物具備能夠一流結果的思維和行動力。雖然很難全盤了解他們的思想，但他們的行為已證明了一切。你要做的，就是徹底模仿這些行為。

一流人士的做法就像是能夠端出頂級成果的食譜，或者該說是祕笈。透過不斷模仿，可以最迅速地達到類似的結果，而且比自己從零開始建立體系要快得多。

在不斷嘗試和模仿的過程中，要是突然出現成果，代表你找到了一流人士的思考和行動方式。

閱讀他們出版的書、觀察他們的官方網頁，學習他們的方法，設法安裝到自己身上。接著決定要模仿哪些部分，並將其整理在筆記中。不要試圖仿效所有部分，更應該專注於簡單的部分，或是強化已經產生你期望結果的部分。

將要模仿的部分，分解成實際步驟，會更容易理解。

倘若還沒有做出屬於自己的成果，可以先從觀察、尋找業界中已經達成你所期望成果的一流人士開始。

一旦確定了對象，每天早上就要決定今天該模仿哪些行為，並將其列入行動計畫（時間表）當中。

有種說法是，「學習」一詞是源自「模仿」。也就是說，人們早先是透過模仿來學習的（語源有諸多說法）。

透過模仿，可以一睹成功人士看見的風景，體驗他們的感受，進而獲得各種啟發與靈感。

從開始模仿的那一刻起，你的思考和行動就會有所不同。

所以，讓我們積極地進行模仿吧。

處方 9

每天讀一點經典著作

起床後

提及「經典」一詞，許多人可能會感到難以親近。然而，經典之所以能夠跨越時空，成為暢銷及長銷書，是因為其中囊括了豐富的人生智慧、生活的基礎原則，以及成功的必要祕訣。

但那並非像一些單純的操作或行動技巧那樣，可供即學即用。經典所提供的，有許多是關於人的「存在方式」，也就是做人處事的內在修養。

經典著作能培養我們在遭遇問題時，做為判斷基準的自我核心價值。

被稱為成功人士的人，無一不具備獨特魅力。他們之所以被譽為成功人士，很大的關鍵是在於具備卓越的個人修養。

一位大企業的社長，口袋中總是隨身攜帶司馬遼太郎的文庫本，好在空閒時間閱讀。司馬遼太郎所描繪的戰國時代或明治維新時期，與現今的環境和常識完全不同。然而，據說他堅持閱讀習慣的原因，是想藉此一窺那些萬古流芳的名將，以及改變時代的人物思維，藉此了解他們如何順應變化，取得成果，以及如何生存下來，從中學習為人應有的姿態。

自從聽了他這番話之後，我也開始閱讀一些經典名著。結果，在各式研討會上，被問到有關「心態」而非「做法」方面的問題時，我幾乎都能夠流暢回答了。

要回答各式各樣的問題，並讓在場的人們感到滿意，光靠技巧是不夠的。畢竟，意料之外的問題總是層出不窮。

隨著從經典作品中學習到越多，我就越能回答這類問題。雖然經典名著大多是長篇作品，真正閱讀起來需要花費時間和專注力，但如果只是因為忙碌就不去閱讀，就無法擴展成為成功人士的基礎。

現今，市面上有許多忠於原文的現代譯本，可以讓人更容易理解著作的本質。

每天早上，不妨將閱讀幾頁喜愛的經典著作當作心靈的早餐。雖然它可能不像實用指南那樣能夠立即見效，但如果持續這樣做，幾年後，你會發現自己的人格魅力顯著獲得提升，解決問題的能力也會大幅躍進。

處方 10

質疑常識，找出創新做法

起床後

身為一名社會人士，擁有常識與否相當重要。

一般而言，常識是「世界上八〇%的人都認同的事情」。

然而，那些被稱為成功者的人，其實只占人類整體的二〇%，而他們當中的多數人，都擁有十分創新和顛覆常識的想法。

以「泡麵」為例。

眾所周知，這款商品是由日清食品的創辦人安藤百福先生所發明的，現在已成為全球熱賣的食品。

但當初，「只需要注入熱水等三分鐘，就能做出拉麵！」的發想，在當時是極其「違反常識」的。因為當時的觀念認為：「要經過切、煎、煮這些步驟，才能夠完成一道料理。」

所以，一開始這項產品根本賣不出去，而且也在製造過程中遭遇到許多瓶頸，甚至連大多數的員工都反對這個想法。

然而，現在它已被譽為「世紀的偉大發明」。

跳脫常識的發想，有時會化作成功的種子。

成功的人大多擁有獨特的思維和觀點。

有時候，這些想法可能被稱作非常識，但正是這種非常識、獨特性，才能夠創造出新事物、引發新的領悟。

不過，要掌握這份獨特性也絕非輕而易舉，這需要一些練習。

首先，我們可以試著從質疑「常識」開始做起。

簡單來說，就是偏離「普通」的角度，以不同視角來看待人事物。這樣做可以擴大思考的範疇，察覺到別人未曾涉及的事物，或在被認定為不可能之處發掘到新的可能性，甚至具體實現它。

事物都潛藏著各種可能性。
質疑常識，並以異於往常的角度，
來看待眼前的事物，才能不斷尋找出新商機。

在你眼前的事物，倘若以非常識的觀點來思考，或許很可能會帶來前所未有的創新商業模式。

結語

謝謝你將本書閱讀到最後。

人生就像是實現夢想的旅程，是一場活用我們的生命，去追逐「想成為那樣的人」或「如果這樣發展會很有趣」等夢想的旅程。

所有動物中，只有人類能夠追逐夢想。然而，許多人在這段旅程的途中，就放棄了實現夢想這件事，因為他們不知該如何實現。

但，現在的你已經不一樣了。

透過本書，你已經獲得了利用早晨這段時間，持續產出成果的技巧與心態。接下來，只需要鼓起勇氣採取行動即可。

結果是行動的產物。無論多微小的行動，只要行動就會產生結果。我們的人生，就是來自每一天的累積。如何度過和利用每一天，將會大幅改變你的人生。想讓每天都成為美好的一天，最好的方法就是充分利用早晨時間。也就是說，掌握了早晨的人，就能夠掌握人生。許多成功人士為了實現願望，都會有意義地安排早上的時間，將其轉化為成果。

然而，即便是成功人士，也並非一開始就能有意義地度過早晨的時光。

「早上多次按掉鬧鐘，賴床到最後一刻，匆匆忙忙地出門」，許多人都是這樣度過早晨的。

但如果總是重複同樣的模式，每天就只能做到同樣的事情，得出同樣的結果。相反地，當你改變行動，有意識地做出選擇，就可能會得出意想不到的結果。

如何度過早晨的時光，將左右你的一天。

如果能度過美好的早晨，就能度過美好的一天。

改變度過早晨的方法，我的人生也隨之改變。

一年之計在於春，一天之計在於晨。

再次強調，

掌握早晨的人，就能掌握人生。

衷心期盼這段「結語」，能夠揭開你美好人生旅程的「序幕」。

後藤 勇人

國家圖書館出版品預行編目 (CIP) 資料

人生升級的晨間習慣：50 個「創造成果」的早晨管理技巧 / 後藤勇人著；林佑純譯. -- 初版. -- 新北市：幸福文化出版社出版：遠足文化事業股份有限公司發行，2024.08
192 面；14.8×21 公分. --（富能量；88）
ISBN 978-626-7427-07-1（平裝）

1.CST：自我實現　2.CST：成功法

177.2　　　113000433

0HDC0088

人生升級的晨間習慣

50 個「創造成果」的早晨管理技巧

作　　者：後藤勇人
譯　　者：林佑純

責任編輯：高佩琳
特約外編：林映華
封面設計：FE設計
內頁排版：顏麟驊

總 編 輯：林麗文
主　　編：林宥彤、高佩琳、賴秉薇、蕭歆儀
執行編輯：林靜莉
行銷總監：祝子慧
行銷企劃：林彥玲

出　　版：幸福文化／遠足文化事業股份有限公司
發　　行：遠足文化事業股份有限公司（讀書共和國出版集團）
地　　址：231 新北市新店區民權路 108-3 號 8 樓
電　　話：（02）2218-1417

郵撥帳號：19504465 遠足文化事業股份有限公司
客服信箱：service@bookrep.com.tw

法律顧問：華洋法律事務所 蘇文生律師
印　　製：呈靖彩藝有限公司

初版一刷：西元 2024 年 8 月
定　　價：360 元

ISBN：978-626-7427-07-1（平裝）
ISBN：978-626-7427-24-8（EPUB）
ISBN：978-626-7427-23-1（PDF）